教师职业素养与发展规划

教师的创新意识

李喆◎编著

JIAOSHIDE CHUANGXINYISHI

吉林出版集团 吉林文史出版社

图书在版编目（CIP）数据

教师的创新意识／李喆编著．——长春：
吉林文史出版社，2012．4（2025.9重印）
（教师职业素养与发展规划）
ISBN 978－7－5472－1030－7
Ⅰ．①教… Ⅱ．①李… Ⅲ．①中小学－教师－教学工作 Ⅳ．①G635．1
中国版本图书馆CIP数据核字（2012）第072444号

教师职业素养与发展规划

教师的创新意识

JIAOSHIDECHUANGXINYISHI

编著/李喆
责任编辑/高冰若
封面设计/小徐书装
出版发行/吉林文史出版社
地址/长春市福祉大路5788号
邮编/130117
印刷/唐山富达印务有限公司
开本/710mm×1000mm　1/16
印张/11.25　**字数**/148千字
版次/2013年1月第1版　2025年9月第5次印刷
书号/ISBN 978－7－5472－1030－7
定价/69．80元

前 言

江泽民同志指出："创新是一个民族进步的灵魂，是一个国家兴旺发达的不竭动力。"同时，江泽民同志又指出："教育是知识创新、传播和应用的主要基地,也是培育创新精神和创新人才的重要摇篮"；"在提高创新能力和提供知识、技术创新成果方面，教育都具有独特的重要意义"。在现代，比较各国综合实力的一个指标就是创新能力，而创新需要人才，培养创新型人才需要创新教育。在今天，我们实施素质教育的同时，培养创新型人才已显得尤为重要。创新教育是现在实行素质教育的一个最佳选择。为了实施创新教育，培养创新型人才，必须不断提高教师本身的创新素质。时代需要教育创新，需要创新型人才，素质教育把培养创新精神和实践能力作为重点，正是反映了时代的要求，作为教师也要用创新理念来武装自已。所以在进行素质教育、创新教育的同时，教师的创新性培养也就显得尤为重要。

人可以通过在创新活动中的创新表现来完善自身，达到自身创新性的一个提高。教师自身的发展和学生的成长息息相关，所以教师自身的发展也同样重要，甚至从某种意义上来说，前者更要重于后者。因为，教师的发展是教育成功的根本保证，也是学生得到全面发展的前提，同时也是丰富与提高教师生命内涵的一个实践途径。创新能力的提高应作为教师发展的重要内容和主要目标。所以，教师应该把"培养人才"作为真实的教育目标，把"自我发展"作为个人价值的选择，把在工作中面临的一切困难和障碍，都视为对现有的知识、能力、人格的一次挑战，从而成为推动自己不断学习、反思、探索、创新的不竭动力。只有用创新的态度去对待工作的人，才能在完整意义上懂得工作的意义和享受工作的快乐。

本书从理论到实践系统的阐述了教师如何培养自己的创新意识和创新精神，分为三编共十章来介绍。第一编为创新性培养概述，该部分共分为三个章节，分别说明了什么是创新，什么是创新型教师；同时介绍了有关创造性学习的概念，以及如何培养学生的创造性学习能力；最后说明了创新是无处不在的。这一部分力图从基本理论入手，着力介绍何为创新，创新的重要性，以及我们教师自身要如何去做到创新。第二编主要阐释了教师的创新性培养，这一部分系统的介绍了教师该如何培养自身的创新性，分别从自身创新人格的培养和教学技术、教学思维、教学策略、教学模式等方面阐述了一名教师该如何培养自己的创新能力。希望可以从实践角度来帮助教师了解自己的创新能力，以及如何从实践中获得创新能力。第三编为学生的创新性培养，虽然题为学生的创新性培养，但实际还是从教师的角度介绍了教师如何从自身的创新意识和创新的教学方式促进学生的创新性培养，书中提供给教师们一些实践案例，来讲解如何培养学生的自主创新精神。

本书的第一编（创新性培养概述）、第二编（教师的创新性培养）为李喆编写，第三编（学生创新性的培养）为张春梅编写。

本书旨在创新性的培养方面给各位教师提供一些理论和实践方面的素材，但是由于编写时间仓促，编者自身水平有限，难免会有所纰漏，而且可能有很多问题没有阐述清楚，还请各位读者见谅。同时，欢迎您提出宝贵意见。

本书在编写过程中运用了一些资料和素材，由于时间问题，没有来得及与原编著者一一取得联系，敬请谅解。请相关作者看到本书后，与我们联系，在此先表谢意。

编者

2012年10月2日

目　录

创新性培养概述

教师的创新性培养

学生创新性的培养

创新是一个民族进步的灵魂，是一个国家兴旺发达不竭的动力。

一个没有创新能力的民族，难以屹立于世界先进民族之林。

——江泽民

创新性培养概述

一 创新性概述

中国电子商务教父马云有这样一段关于“懒”的讲演，认为这个世界实际上是靠懒人来支撑的：“世界上最富有的人，比尔·盖茨，他是个程序员，懒得读书，他就退学了。他又懒得记那些复杂的Dos命令，于是，他就编了个图形的界面程序。之后，全世界的电脑都长着相同的脸，而他也成了世界首富。”“世界上最厉害的餐饮企业——麦当劳。他的老板懒得出奇，懒得学习法国大餐的精美，懒得掌握中餐的复杂技巧。弄两片面包夹块牛肉就卖，结果全世界都能看到那个“M”的标志。必胜客的老板懒得把馅儿饼的馅儿装进去，直接撒在发面饼上边就卖，结果大家管那叫PIZZA，比10张馅儿饼还贵。”以上这段话，从侧面反映出因为“懒”，引发出的创新精神、创新思维的重要性。所谓创新有法，思维无法，贵在创新，重在思维。只有创新思维的存在，才能有富有成效的新产品的诞生、一个有意义方法的提出、一个成功契机的诞生。正因为这些“懒人”的创造性发明和创新的出现，新行业得以诞生，企业得以发展，财富得以汇聚，社会得以进步，世界才有了今天这样的精彩。即创新思维是引导社会发展和进步的基石。

不同行业和环境，创新思维有多样的表现形式。但本质上，是人的一种思维能力的体现，创新思维在我们日常生活中有着异乎寻常的作用，让今天各行各业的人都非常重视。知识是多种多样的，一个人只能掌握一定量的知识范围，而由于创新思维的产生土壤绝不是贫瘠和单一的，这样就促使人们了解“上至天文，下至地理”多个领域，使知识的门类涉猎更广、体系化更强，同时在不断的思考和学习中，达到知识的融会贯通与优化组合。创新思维能解放想象力，促进教育体制的完善发展。随着社会的发展，创新意识越来越显示出巨大的作用。当前中国基础教育进行“新课改”，提倡素质教育。而创新思维就是素质教育之一，也是创新素质的核心。而基础教育“新课改”的实行，促进学生的多方面能力发展，促使学生的自主能动性得以发挥，想象力得到激发和保护。而想象力的延伸和发展，就是创新思维的源泉，因此创新思维促进了教育体制的完善发展，而这对社会的明天、民族的未来至关重要。

/创新与创造/

在当今社会，创新和创造性都受到人们的广泛关注，也会经常看到一些有关创新和创造性方面的文章。但是，有很多的人对这两个概念的差异性没有给予足够的重视，经常把这两个概念等同起来。事实上，创新和创造性是两个不同的概念，它们之间既有联系又有区别。创新是一个有着广泛外延的概念，从不同的角度去认识它会有不同的理解。从政治、社会、组织的角度，或者说从它对社会影响的角度而言，“创新是一个民族的灵魂，是国家兴旺发达的不竭动力”。从培养创新人才这个角度来说，创新主要是指一种“突破传统，超越前人的意识和挑战权威、勇于批判的精神”。创造性主要是指在“创新意识和创新精神”基础上形成的一种“非凡的能力和辉煌的成果”。所以本节将从教育的角度以及培养人才的角度来系统阐述创新和创造性的基本特征，以及它们之间的联系和区别。

创新的基本特征 ／

“创新”一词首先是指一种精神、一种意识，一种勇气和胆略，然后才是指新事物或新成果。这种“新事物”到底有多少价值？影响面到底有多广？到底在什么范围内算新事物？对此没有什么特别的要求，只要它有一定的价值，在一定的范围、一定的阶段内能对某一方面或某些方面产生一定的影响，我们就可以把产生这种新事物的过程叫作创新。创新的基本特征包括以下四个方面。

独特性 所谓独特性是指思想、方法、观念、工艺、产品等与众不同。如果与大多数人一样，没有特色，那就不叫创新而叫守旧、叫模仿、叫人云亦云、叫墨守成规。目前，有些人写论文抄书刊，出产品搞模仿，还美其名曰：“参考借鉴、综合集成”，这完全背离了创新的宗旨。

局域性 仅有独特还不能称其为创新。例如，一个正常人不用脚走路非要用手走路，虽然也很独特，但这不是创新而是怪异。创新还应该具有局域性。局域性包含三层含义：一是指思想观念或产品设计的局部正确，在一定的范围内被多数人认可；二是指方法或产品的局部改进。比如，中国人在固定式伽马刀的基础上发明了旋转式伽马刀，就是一种创新；三是局部适用，即某一理论或产品在一定范围内得到较为广泛的应用。

阶段性 指某种方法或产品只在一段时间内适用，不久可能就被更好的东西所取代。比如电脑操作系统的不断升级和更新换代就是典型的例子，每一次换代都是一次创新。从哲学的角度讲，它是全局上的量变，局部范围的质变。

较大的影响性 创新思维、创新产品必须对大多数人产生影响，许多人能够从中受益。否则就只能算是经验总结、小改小革而不能算创新。影响力的大小是区别一种理论或产品是属于低层次创新，中层次创新还是高层次创新的决定性因素。我们可以用八个字概括创新的基本特征：“独特新颖，影响较广”。

创造性的基本特征 /

一般地说，由创新而产生的新事物不一定需要前所未有，只需要在一定的范围内属于新事物即可。它也不一定需要震撼全球，而只需要在一定的范围内有一定的影响力就可以了。创与不创主要是勇气问题。而创造却不仅仅需要勇气，还需要丰富的知识与经验，需要敏锐的洞察力和极强的分析、判断、综合运用能力，更需要适当的环境和机遇。比如蒸汽机、发电机、电脑的发明就是三次革命性的创造。从哲学上讲，它不是局部的质变而是全局上的、根本性的质变，是革命性的飞跃！而电脑（视窗）操作系统的升级换代，那就只能算是一次创新而不能算是创造。因为它只是全局上的量变或局部的质变，而不是根本性的质变。它算不上前所未有，只是在原有的基础上作进一步的改进而已，因此不属于创造。创造性有以下几个基本特征。

首创性　如上所述，创造就是做出前所未有的发现或发明。因此，它具有首创性。也就是说，在世界范围内，你一个人（或一个研究小组）最早做出这样的发现。和"创新"相比，"创造性"的要求要高得多。创新只要求独特新颖，并不要求前无古人、闻所未闻。而创造性却必须具备这一条。比如爱因斯坦的相对论，中国首次人工合成牛胰岛素就具有这一特征，因此可以称得上是真正的创造性发现。

普遍性（全局性）　创造性理论或产品决不是局部改进、局部正确、局部适用，而是根本性的质变，是大飞跃、大突破，是普遍正确且广泛适用的。当然，这里所说的普遍性也是相对的，不是绝对的。比如相对论和量子力学，在所有的国家乃至宇宙中所有的地方，所有的自然科学领域都适用，因此是真正的创造性理论。

长久性　与创新不同，凡是称得上创造性的东西不仅要求在很宽的范围，而且要求在相当长的时间内都有适用价值。因为，一方面，能够称得上创造性的事物必定经历了无数次实践的检验，不容易很快改变。另一方面，作为根本性质变的创造性事物在经历下一次质变之前必须经历量变和部分质变阶段，这需要较长的时间。事实上，相当一部分创造性事物具有永恒的魅力。如牛顿力学、欧几里得平面几何。即使后来有了相对论，有了非欧几何，只要在适当的范围内，它们仍然是正确的。至于创造性产品，其寿命当然不会无限长。尤其是在科技突飞猛进的时代，新产品层出不穷，因此其寿命是有限的。但是比起一般的创新产品来，其寿命仍然要长得多。毕竟，影响全人类和社会发展进程的创造性产品不是那么容易搞出来的。

创新和创造性的区别和联系 ／

两者的本质不同

创新的本质是一种精神、一种意识。其核心是批判精神、质疑精神、敢于向权威挑战、敢于打破旧框架的勇气和胆略。由此而引发的新思想或新产品是这种精神的必然产物。有了这种精神，加上扎实苦干，新事物自然层出不穷。正如江泽民同志所说，“创新是一个民族的灵魂”。创造性的本质是一种辉煌的成果（包括前所未有的新理论和新方法、影响全人类生活方式的新产品、震撼心灵的艺术作品等等），一种特殊的品质（非凡的胆略和勇气、非凡的想象力、观察力、洞察力、判断力、制造能力等等）。

两者的联系

创造性的核心是创新意识和创新精神，只有具备创新意识和创新精神的人才有可能做出创造性成果；没有创新意识和创新精神的人是不可能做出创造性成果的。所以，可以说创新是创造的一种基础，而创造是创新的一种拓展和发扬。但是综其本质来说，两者都属于一种产生新事物、新思想、新观念、新方法的范畴；两者都强调产生一种本来没有或者是与原来的事物有所不同的新鲜事物；两者都需要产生一种对我们

的工作和生活，甚至是人类社会的进步有帮助、有价值的东西。所以，无论是创新性的培养还是创造性的培养，对于我们教师自身和学生的教育都是有很重要的作用的。只是两者的侧重点有所不同，一个是重精神，一个是重天赋。不过最终的目的都是培养出对社会有用的、能创造出巨大社会价值的人才。

/ 创新型教师 /

目前，各国之间的竞争日趋激烈，然而各国之间竞争的实质是科学技术力量的竞争，是具有创新能力的人才的竞争。承担着给国家培养人才重任的教师，只有增强创新意识，提高创新能力，才有可能为国家培养出富有创新能力的人才。本节从创新型教师、教师的教学管理两个方面来论述教师对创新性教学的重要影响。

创新型教师 /

教师在教育、教学过程中充分发挥的主导作用是学生身心全面、健康与和谐发展的必要条件，而教师主导作用的发挥又主要依赖于教师的心理素质，尤其是教师的人格品质。当教师达到一定智力和知识水平，又具备了专业教育能力等素质以后，教师自身的人格品质就会成为影响学生学习和成长的重要因素。“创造性人格”是美国心理学家吉尔福特提出和使用的一个概念，是指由个体内在的创造能力与创造动力构成的较为稳固、持久的组织系统，这一组织系统是由人的精神世界中的多种因素有机组合而形成的复合体。教师的创造性人格对教育的影响主要体现在3个方面：1.影响学生的个性与创造性发展；2.影响学生的学业成绩；3.影响教师自身的教学风格、教育效果。这种说法，同样也适用于创新型教学的培养，所以在创新型教师的培养中，注意培养教师的创新型人格就显得尤为重要。

创新型教师的特征

具有创新精神的教师，都是具有创造性人格的。所以，这里我们也可以把创新型教师看成具有创造性人格的教师。而国内外大多数学者对教师的创造性特征做了很多研究，也对什么是创造性教师提出了许多不同的定义。R.Smith认为创造型教师，就是那些善于吸收最新教育成果，将其积极运用于教学中，并且有独特见解，能够发现行之有效的教学方法的教师。Meyer提出，创造型教师是指为个人或集体的学习提供体验的机会，运用别人新的教学思想，并且自己也有独特见解，所采用的教学方法是依靠自己的亲身体验而总结出来的。Smith和Meyer都强调创造型教师要善于学习和运用新的教学思想，要有自己的创见和教学实践能力。

Sellin等研究了创造型教师的人格特征及其在班级内的行为表现特征，认为成功的、富有创造性的教师在个性品质上往往表现为幽默、热情、乐观、自信，乐于接受不同观点以及对其工作之外的其他事情也表现出强烈的兴趣并积极参与等。Bishop的研究发现，创造型教师的独特个性主要表现在兴趣广泛，有很强的成就动机，态度和善友好，富有责任心。

日本学者恩田彰认为创造型教师应具有以下条件：1.自己本身具有创造力。教师首先必须具有创造性并把它发挥出来，有创造性的教师能够发现普通人不注意的、容意忽略的问题，同时能够进行创造性教学。2.有强烈的求知欲望。如果教师的创造性动机和求知欲强，那么学生的创造活动就旺盛，反之创造性就低下。3.努力建设具有创造性的集体。为了开发学生的创造性，教师应该设法形成创造性的班集体，在班级内形成创造性的气氛，尊重创造性。通过班集体，不仅能开发个人的创造性，也能开发集体的创造性。4.营造宽容、理解、温暖的班级气氛。教师应该使集体充满宽容的理解和温暖的气氛。有创造性的学生有时会脱离集体，他们的行为会受到非议，在班级中显得孤立，这时，应在班级中形成欢迎他的温暖气氛，这对于学生的创造性成长

十分重要。当学生从教师和同伴那里感受到理解和友爱时，健全的创造性才能成长起来。5.具有与学生们一起共同学习的态度。教师和学生一起学习比单纯教学生学习更有意义。有了学习目标之后，让学生自己学习，教师适当总结，教师与学生共同在未知世界中探索。6.创造良好的学习环境，引发学生的学习欲望。7.注意对创造活动过程的评价。评价时，不要着眼于错误、失败，要重视创造活动的过程；在评价方法上，教师要仔细观察学生的创造活动，进行有针对性的评价，对提出的有创造价值的问题也要评价。这样一来，学生就会关心教师对创造活动的评价，进一步努力创造。

国内学者申纪云把创造型教师界定为具有创造性教学思想和新的教学观，掌握并善于创造性运用教学基本规律和教学方法，善于从学生的实际和具体的教学条件出发制定最优化的教学方案，致力于培养创造型的学生与卓有成效的教师。张启泉认为具有创造性的教师应具备如下的品质：1.必须具有创造精神；2.必须具有理智的好奇心；3.要善于发挥学生的创造性；4.要营造宽容、理解的气氛和师生共同求知的态势；5.具有适应环境和创造性评价能力。

创新型教师的教学能力

创造性的教学应是充满艺术性的教学，不同教学技巧的使用会使学生对相同材料的学习产生不同的学习效果。教学技巧对于教师而言是成功教学的保证。所以具有创新型的教师一般来说，也有着高超的教学能力和灵活多变的教学技巧。

美国学者罗宾认为，对于具体的教学而言，教师的教学技巧应该体现在如下几个方面：是否能产生富有启发性、有价值的教学构想；是否能用各种有效的教学方法来实现相应的教学构想；在实现教学构想的过程中是否能运用适当的技巧。罗宾还发现那些具有很高教学技巧的教师往往具有以下特点：1.凭直觉进行教学，不依据已有的规划或既定的程序；2.驾驭教材的能力很强，对学生的课堂反应有很强的敏感性；3.对自己的能力充满自信；4.非常富有想象力。

另一研究者希列辛格设计了一套富有成效的教学程序，此程序包括5个步骤：1.学会鉴别和确认所需解决的问题；2.学会分析问题的成因，及其与其他事物的关系，并设想以后可能解决问题的方法；3.根据对有关问题的分析及收集信息和资料；4.想象用不同的方法解决问题；5.对所得的解决方法给出使用条件限制说明以保证解答的可行性和有效性。希列辛格还强调，教学技巧更多的是一种创造型教学观念的体现，即教师不仅仅是帮助学生解决生活中的各种问题，更重要的是要培养他们成为富有智慧的人，能进行新的、更高级的发明创造，为人类文明的发展作出贡献。

哈尔曼 (R.Hallman) 总结了创造型教师的教学技巧，列举了有利于培养学生创造力的12种方法：

1.培养学生主动学习的热情和方法。教师注重启发学生的思维，鼓励他们自己发现问题、提出假设并亲自实践，即培养学生的主动探索、自我创造意识。

2.学会合作。放弃权威态度，倡导相互合作、相互支持、相对自由的良好气氛，使集体创造力得以最大程度地发挥。

3.鼓励勤奋。鼓励学生勤奋学习，多方面吸取知识，并对知识进行积极的理解和消化，以达到能运用自如的程度。

4.适当地进行创造思维的专门训练。其中包括：鼓励学生进行回忆和独特而奇异的猜想，区别不同问题并发现相互关系；鼓励学生提出自己的主张，自己编故事和游戏等；鼓励学生去积极发现日常事物的特殊用途等等。

5.延迟判断。教师往往可以给学生足够的时间进行创造思维活动，而无需急于向其预示解决问题的方法。

6.促进学生思维的灵活性。教师应帮助学生学会从不同的角度看待、分析和理解问题，而不固守陈规。

7.鼓励学生独立进行评价。即用自己的标准对他人的想法、观点以及所取得的结

果进行评价。独立评价能力的发展有利于创造性的发挥。

8.训练学生感觉的敏锐性。教师应帮助学生获得对他人的感觉和情绪以及社会、个体等多种问题的敏感性。

9.重视提问。教师对学生的提问往往表现出很有兴趣，并认真对待。同样，他们自己提出的问题也不是简单地重复教材和课本的内容，而是一些能刺激学生积极思维，寻找多种答案的具有启发性的问题。

10.尽可能地创造各种条件，让学生接触各种不同的概念、观点以及材料、工具等，以帮助学生更敏感地感受和理解周围的世界。

11.重视培养学生的耐挫能力，这是进行创造性活动不可缺少的心理品质。

12.注重整体结构。教师在传授知识时注重知识的系统性及其相互之间的关系，而不是教学生机械地掌握某一孤立的事物或概念。

综上所述，教师经常变换各种教学手段，激励学生在课堂上进行积极思维，将有助于学生创造性的发展。

创新型教师与学生创新能力的培养

根据教师教学风格的不同，可以划分出四种不同类型的教师：强硬专制型、仁慈型、放任自流型、民主型，不同类型的教师在学生创新性发展中所起的作用和学生表现出的反应也是不同的。研究发现，民主型的教师对学生创新性的发展有促进作用。在民主型教师的教育下，学生喜欢工作，且工作的质量很高，创新性发展迅速。学生相互鼓励，愿意独自承担某些责任，不论教师是否出现在课堂上，学生都有巨大的创新动机和创造热情。尽管这些结果还不完全肯定，但它说明让学生创新性取得最大进步的教师，往往更热爱自己的职业，且更容易得到学生的喜欢，在学年开始时更有办法鼓励新学生，学生对他们也更感兴趣，更热情，更有礼貌，从而形成师生之间相互影响的良性循环。

托伦斯的研究发现，教师在创造性动机测验中的成绩与学生的创造性写作能力之间存在一定的正相关，托伦斯还调查了“创造性教学所带来的变化”这一问题，在165名教育工作者中，82%的人列举了创造性教学给他们的学生带来了哪些变化。其中主要的变化包括：阅读能力很差的学生变成了中等甚至优秀的阅读者；那些曾经被诊断为心理发展迟缓的学生变成了具有正常或较高水平心理功能的人；原来具有破坏、攻击性行为的学生变得较具有建设性；原先同伴接纳程度低的学生变成受同伴欢迎的人；问题学生变成学生干部等等。由此可见，创造型教师的工作不仅可以改善学生的学业成绩，而且更重要的是可以培养学生良好的个性品质。

斯腾伯格在谈到发展学生创造潜能的12条策略中提出：教师的态度对问题提出假设，不要循规蹈矩，要允许学生犯错误，对学生的错误要宽容；应鼓励学生明智而合理的冒险；鼓励学生自己界定问题，并给他们机会在出错时重新界定问题；要奖赏创造的思想和产品；要鼓励学生容忍问题解决之前的困难状态。总之，教师对创造性持容忍和鼓励的态度将有助于发展学生的创造性。

斯腾伯格还指出教师的一些特征将有利于发展学生的创造性，如教师自己要有创造性，要做学生的榜样，要进行创造性的教学和评价，要给学生创造性思考的时间，提醒学生要面对和克服创造道路上的困难，教师自身要不满足，要愿意成长。这些特征是一个能够发展学生的创造性的教师所应该具有的。

关于创新型教师人格的研究表明，创新型教师的人格特点对学生创新性潜能发展的作用主要体现在以下3个方面：

1.教师自身的行为，体现了教师的意志特征、人际交往、动作特征和情绪特征，总结为：开朗自信；乐于探索；独立批判。

2.教师的课堂教学活动，即进行启发式教学；善于突破已有的教材、教法，乐于探索新方法；教学手段灵活多样，充分发挥学生在课堂学习中的积极性、主动性，总结

为：独立探索；自信包容。

3.教师的班级管理活动，即班级气氛自由、安全；班级管理民主平等，能充分发挥学生的主观能动性，总结为：探索求新；坦诚开朗；怀疑冒险；乐观。

首先，教师本人应该具有较高的创造性，这是培养学生创造能力的重要前提。其次，教师的创造性是否发挥在与学生相关的活动中，这是培养学生创造能力的必要条件。一般认为，教师的创造性人格主要是在课堂教学活动和班级管理活动中体现出来。教师人格对学生的影响主要通过两种途径进行的：一种途径是课堂行为角色，即教师在具体的课堂教学情境中对学生的人格影响。教师的课堂行为角色可以分为接受情感、奖励或鼓励、接受或利用学生的想法、提问、讲授、给予指导以及批评权威或为权威辩护等七个范畴。前四个属于“非指导”人格品质，是决定和影响学生学业成绩和身心发展的主要因素。另一种途径是交往行为角色，即教师通过师生间正式或非正式的交往对学生施加影响，这是在潜移默化中培养学生创造性能力的重要渠道。创造型教师在对班集体和学生进行管理时，采取的中心原则是努力创设并维护一种使创造力易于表现的师生关系、同伴关系及班级风尚，使学生的创造潜能得到最充分的发挥。

创新型教师的教学管理 /

教师的教学管理包括两方面内容：一方面指教师对创新性教学活动的组织化和创新性教学进程的监控；另一方面指教师对教室空间环境的设计和布置。

组织教学和培养学生的自主性

组织创新性教学活动以促进学生创新性的发展，这是一个重要的问题，也是一个内容丰富的课题。有助于创新性发展的课堂教学活动体现的是一种接纳多样性、欢迎新观念、尊重各种问题、鼓励探索求知领域的课堂气氛。此外，还包括理性的逻辑成分以支持学生的创新性和自主性。

创新性教学的一个重要策略是帮助学生变得更加自主，具体的技术包括培养学生独立学习的技能，教学生如何使用学习契约等。作为教师，重要的是如何组织好课堂教学，以促进学生创新性的发展。这种鼓励创新性的教学需要一种以差异性教学——改变教学方式以满足不同学生的需求——为主导模式的课堂氛围。在以差异性教学为指导思想的课堂上，学生们部分时候是以整个班级为单位进行学习的，部分时候是独自学习的，还有的时候是以小组为单位学习的，具体要视当时情况的需要而定。处于不同技能水平的学生面对的是不同难度的任务。

如果学生希望有机会自己去发现问题，产生有创造性的成果，那么教师就有责任交给学生独立学习的技能。独立学习不仅仅从理论上来看是必需的，学生们将要面对不同水平的挑战。更重要的是研究表明，许多有创造性的人特别需要独处的时间来有效地进行创造性努力。独立学习的技能不光对于那些能力最强、最有创造性、或者创造动机最强的学生是必需的，虽然最终可能使这些学生最有机会独立学习。但是如果教师能够与不同水平的学生都发生互动，那么从某种意义上说，每一个学生都将可能不再需要教师的直接指导而独立学习。

帮助学生实现向独立学习转变的第一个关键问题是教师应当意识到自己有责任教育学生如何独立学习。仅仅告诉学生要独立是远远不够的，教师还要教育学生如何去做。绝大多数情况下，教师首先要设计一系列“独立学习时间”课程，教师要像准备其他教学单元一样仔细周密地设计和排练这些课程。

然后开始实施独立学习时间课程。目标是把学生从参加教师选择的活动、接受教师的指导、受到教师的监控这些方式中解放出来，让学生自己设计、组织和完成各种活动。第一次实施独立学习时间课程时，课程内容应该是学生已经掌握的知识，课程的重点在于独立性。教师布置给学生的任务可以是稍稍高于学生现有发展水平的问题，这样学生可以体验如何获得帮助。此外，还要提供给学生几个可供选择的活

动。在独立学习开始后，教师要避免给学生其他的指示。教师可以依照事先约定的方式向学生提供关于独立学习的技能知识，并对学生的表现给予适时的反馈。独立学习时间结束后，组织全班学生共同讨论，找出困难之所在，想出解决方法。学生应当意识到独立性是学习的目标之一，并且能够监控自己的学习进程，使之朝向该目标。

当学生对独立学习有所体验后，教师就可以让学生们开始真正的独立学习。在这个工程中可以留意个别学生或者个别小组。把需要联系某种技能的小组都组织在一起，或者是和那些需要帮助的学生一起探索，这对于教师而言都是一个很好的了解学生、发展其创造性的机会。但同时教师必须保证自己能够对全班学生的活动实行有效的监控，即非常重要的一点是要让学生感到教师清楚地知道教室内发生的一切活动，而教师要尽量避免正面回答小组内个别学生的问题，避免干预小组内的活动，而比较好的做法是告诉学生去看独立学习课程的规则，从规则中寻找方法。

独立学习技能的内容复杂，需要长时间联系才能熟练掌握。在开始阶段，活动应该相对简单易操作，随着课程的深入，内容的复杂性逐步加深。在起始阶段，活动内容可以不直接和学科知识有联系，比方说，可以开展音乐或美术活动；或自由阅读；或大脑风暴游戏。到中高级阶段，活动的内容要能够强化学科知识，比方说，关于某个新学习的知识点的游戏；或者组织学生举办新知识的活动，如组织兴趣发展小组或独立研究项目等。教师应当为不同发展水平的学生提供不同难度水平的挑战，一次次激发学生的内在动机，这也是独立学习课程的目标之一。

教室环境的设计与布置

教室的布置可以向学生传递关于课堂教学中独立性、自由选择性和创造性的作用的信息。如果所有的课桌都面对教师放置，这种形式有助于大班教学的实施。这种布置还告诉学生，在课堂上只能从一个来源点获得所需的信息。如果有时候学生需要独立学习或者以小组为单位进行学习，那么就需要改变教室的布置，使学生们之间的活动变得更加便捷；如果学生想从事独立研究，那么教室的布置就应当使学生能够方便地找到参考资料；如果学生们将要进行持续时间较长的项目研究，那么教室的布置就应当为学生在项目进行期间提供一个安全的环境来存放他们的物品和资料；如果在敏感性训练中学生需要发展他们对经验的开放性，那么教室的布置应当使学生能够接触各种不同的材料。

即使是在一个比较小的教室里，教师也有必要考虑把教室分成适合于不同用途的不同区域。中小学的教室都应该设立一个区域进行个别小组技能训练，同时又能够保证其他学生的学习不受干扰。如果教室面积过小，不能提供这种分区设计，那么至少要求能够满足以下两到三个基本功能设计：其一是要保证全班学生都能够参加到一个活动中来；其二是要能够开展小组活动；其三是要能够保证独立学习的空间。当然这只是一种基本模式，可以根据具体情况的变化而作相应调整。如果教室的布置允许对课桌的摆放进行改变，那么教师可以指导学生来改变课桌的摆放。这种布置上的改变可能会导致暂时的喧闹和忙乱，但最终的结果将使教师能够在支持性环境中开展教学活动。

可能有些学生在学习过程中非常需要集中注意力，提供给个人的学习区域对这些学生进行个人的项目研究就非常有帮助。正在进行中的项目需要空间来存放与项目有关的材料，即使是放在桌子上的一个卡片盒也可以成为学习工具；贮物箱或整理箱都可以用来存放学生们的项目材料；高年级学生可能需要能够上锁的柜子，以便存放在持续时间较长的项目有关的材料。尤其是当未完成的作品还处于乱糟糟的状态，或不符合传统观念，或者不易让人理解时，这种谨慎的做法显得特别重要。

教师还可以考虑运用邮箱或其他通信工具来传递关于学生的学习契约或任务的信息。这种方式可以免去分发文件的手续，从而节省大量时间，有的教师还在教学实践中发明了一种可覆盖每一个学生的邮件组的方法。还有的教师给每个学生建立一个档案盒，在上课前把所有材料事先放入盒子里，每个盒子里的材料可根据不同学生

的特点而稍稍有所不同。这种方式使教师能够很方便地把盒子发给每一个学生，从而避免了教师在讲台上把任务分类，而学生在讲台下无聊等待的局面。

还有一个比较清晰的方式有助于教师和学生都能明确是否需要召开个别讨论会。教师可以考虑在教室内设立一块区域，允许学生书写并报告项目的进展情况或发布寻求帮助的信息。对于学生来说，这块区域的一个同样重要的功能是帮助学生知道教师什么时候希望见到自己。举一个例子，一位青年教师在教室后排立了一块写字板，上面写着班上所有学生的名字。非常幸运的是，学校安排了一位助理专家来帮助这位教师。于是这位教师使用了两种颜色的笔来帮助自己。对于那些由她自己来留意的学生，她在学生的名字旁边用一种颜色画上标记。当然，即使是只有一位教师来负责全班学生，也可以借鉴这种方式。

还有许多其他的沟通手段和教室环境布置方式能够有助于班级活动更灵活更有弹性，还能够激发学生的学习和创造动机，促进学生自主性与创造性的发展。也许对某位教师而言非常有帮助的方式却并不适用于另一位教师。特定的策略和它所传递的信息相比，重要程度会低一些。在学校里到处都是隐含的教学思想——观念、价值观、假设，它们将会塑造学生的人生。对于教师来说，非常重要的一点是思考如何用简单的工具创设教室氛围和教室文化，教师必须确认的一点是这些未明言的信息能够告诉学生，在教师看来，学生们是非常重要的，有创造潜能的，有发展能力的，并且能够担负起独立学习的责任。

/ 教育创新 /

教育创新(Educational Innovation)即为实现一定的教育目标，在教育领域进行的创新活动。具体的教育活动有具体的教育目标，总的来看，教育的目标就是不断提高国民素质，培养适应不断发展的社会需要的人才, 教育创新活动应围绕这一总体目标展开。

教育创新包括教育体系、教育结构、教育观念、教育方法、教育手段、课程教材以至教育的时间和空间等, 几乎涉及教育领域的方方面面。伴随着人类社会的发展, 教育自产生以来, 就不断地进行着创新活动, 如学校的创立、课本的出现, 都属于教育创新。

根据当今国际竞争日益激烈、科学技术飞速发展的现实, 以及我国传统教育重传授知识、轻提高素质和培养能力的偏颇, 目前教育界又特别提倡创新教育或创造教育, 旨在培养学生的创新精神和创造能力。无论是素质教育, 还是创新教育或创造教育, 目前看来都明确了教育创新的目标, 即培养适合当代中国社会发展需要的高素质、有能力、全面发展的人才, 这一目标的实现, 尚有赖于教育领域展开全方位的创新活动, 也有赖于社会各界的重视和努力。

教育创新 /

教育创新是时代的要求，是人类社会发展进步的要求，也是新世纪我国实施科教兴国战略，推进中华民族伟大复兴的要求。教育是民族进步的基石，创新是民族进步的灵魂，特别是在当今时代，随着知识经济的到来，科技与人才的竞争和挑战日益激烈。在以科学技术的迅猛发展为主导的综合国力竞争中，教育的地位和基础性、全局性、战略性作用日益突出。时代的发展，社会的变革与进步，对现代教育的要求与日俱增，对教育事业改革的要求也日益强烈。因此，必须适应时代发展与社会变革和进步的要求，破除因循守旧的教育观念，树立更为先进的教育思想、教育理念，具有国际的视野，指导新的教育改革的实践。特别在现代教育发展的规律上，现代教育的管理体制与运行机制上，现代教育同社会变革的关系上，现代教育的人才培养模式与质量保障上，现代教育的学科建设与资源配置上，现代教育的师资队伍建设与评价体系上，现代教育的方式与方法、手段上，现代教育对各级管理者素质要求上等等，都必须进行大胆的探索和创新。

“教育创新”是江泽民同志坚持马克思主义与时俱进的理论品质，不断探索中国教育发展新情况、新问题，勇于发展和创新马克思主义教育理论的新成果，也是“三个代表”重要思想在教育领域的体现。“创新”是一种新的探索，新的发展，新的追求。但它必须符合事物内在的规律性，符合社会发展先进性的要求。江泽民同志在“9．8讲话”中强调指出：教育创新“首先要坚持和发展适应国家和社会发展要求的教育思想”；教育创新的根本目的“是要推进素质教育，全面提高教育质量”。这两个方面，其目的性是一致的，因为我国现代化事业既需要整个国民素质的提高，又需要培养出大批德才兼备、全面发展、具有创新精神和能力的人才。教育事业作为国家发展、民族进步的重要基础，主要是通过人才培养、知识创新(含理论、文化、科学技术等)发挥功能作用。因此，教育创新既不能偏离教育内在规律性，又不能偏离教育功能与本质属性的要求。而“中国先进生产力的发展要求”，“中国先进文化的前进方向”，“中国最广大人民的根本利益”就是教育创新的应有目的和其运动规律内在的要求，教育创新不仅要符合“三个代表”重要思想的要求，还必须以“三个代表”为指导，为推动先进生产力，为发展先进文化，为实施科教兴国战略、谋求广大人民群众的根本利益服务。

教育创新的内涵 /

江泽民同志在讲话中对教育创新的内涵、要求作了深刻的阐述，即：1.首先要坚持和发展适应国家和社会发展要求的教育思想，确立与21世纪我国经济和社会发展需要相适应的新的教育观和人才观；2.关键是通过深化改革，不断健全和完善与社会主义现代化建设要求相适应的教育体制；3.根本目的是要推进素质教育，全面提高教育质量；4.必须充分利用现代科学技术手段，大力提高教育的现代化水平；5.必须面向现代化，面向世界，面向未来，加大教育对外开放的力度。这五个方面，不仅是对教育创新内涵的精辟概括，更为教育创新确立了理论的指导。而从创新是一个民族的灵魂、一个国家兴旺发达的不竭动力来看，教育创新的内涵必然包含三个方面的基本规定：第一，教育创新同理论创新、制度创新、科技创新一样，构成国家整体的创新体系，如江泽民同志强调的："教育创新，与理论创新、制度创新和科技创新一样，是非常重要的。"第二，教育创新是基础性的创新，是国家整个创新体系的基石。教育创新最重要的就是着力于民族创新精神和创造性人才的培养，人才是其他所有方面创新工作的关键。教育创新的结果也将为其他方面创新工作提供原始的和源头性的知识支持、科技支撑和精神动力。第三，教育创新也内在地蕴涵着理论创新、制度创新和科技创新的基本规定和要求。这就是说，要把握好和处理好教育创新同理论创新、制度创新和科技创新的辩证关系。

教育创新首先就是教育观念和教育思想的创新，也就是说，理论创新是教育创新的先导。有了邓小平同志关于"科学技术是第一生产力"的理论创新，我们才可能从实现社会主义根本任务的历史高度，深刻理解把教育摆在优先发展的战略地位的重要意义，也才可能引发改革开放以来中国教育的发展和创新。教育创新必须同制度创新相适应、相结合，也就是说，制度创新开辟了教育创新的新路径。社会主义市场经济的发展包含了对现有的经济制度和经济体制的重大创新，这些创新为教育的制度创新提供了基本的方向，也为进行教育创新提供了路径。教育创新同科技创新有着直接的联系，科技创新的成果不仅提供了教育教学内容创新的基础，而且也为教育教学手段和方法的改革和创新提供了基本条件。如江泽民所指出的："进行教育创新，必须充分利用现代科学技术手段，大力提高教育的现代化水平。"从总体上理解教育创新的内涵，特别是把握好和处理好教育创新同理论创新、制度创新和科技创新的辩证关系，对于我们从社会主义现代化建设的全局，从中华民族伟大复兴的历史任务的高度，切实实现中国的高等教育创新具有重要意义。

开展教育创新应遵循的指导原则 ／

教育创新应是国际视野下的创新

纵观教育创新的历史我们发现，尽管创新在一定的时间内以一个民族或地区为试

验点，但最后创新的成果都会普遍被其他各国所接受、模仿、推广和受益。所以说，真正的教育创新不会以民族、地区为界限，而是全球性的。在当今的时代，经济全球化呼吁教育的国际化，在这样的氛围下，我们要进行的教育改革和创新，视野就不应该只是局限在与自己的历史和过去相比，必须要在继承和发扬本民族教育传统和优势的前提下，积极了解、分析和总结其他教育发达民族与国家的先进经验与体制，避开其他国家与民族在教育发展模式上走过的弯路与歧路，大胆探索，勇于实践，实现跨越式发展，使我国的教育改革走在世界各国的前列，成为教育创新的大国，为国际教育的改革与发展提供世界观和方法论。

教育创新应是教育界人人参与的创新

创造不是某一部分人独有的特性，而是人类自身所具有的潜能。它是人类自身追求真理、克服障碍、实现至高、至善、至真、至美的渴望，某种程度上是人的本质属性。正如西方心理学家马斯洛所描述的："极可能是一种每个人都有的遗传素质。它是一种共同的和普遍的东西。在所有健康儿童中肯定都会发现它的存在。"社会发展和进步为每个人都提供了创新的环境和基础，每个人都有条件也同时都有义务从事给社会和人类带来益处的创新工作。早在19世纪恩格斯就指出：在所有的人实行合理分工的条件下，不仅进行大规模生产以充分满足全体社会成员丰裕的消费和造成充实的储备，而且使每个人都有充分的闲暇时间从历史上遗留下来的文化、科学、艺术、交际方式等等，以及中间所承受的真正有价值的东西；并且不仅是承受，而且还要把这一切从统治阶级的独占品变成全社会的共同财富并促使它进一步发展。我们今天提倡教育创新，鼓励教育创新，就应该全面动员，使每个学生、每个教师都积极学习创新的理论，参与创新的活动，使每个人创新的潜能都发挥出来，这样才能产生使我们国家"兴旺发达的不竭动力"。

教育创新应是全面系统的创新

创新作为一个复杂的多因素相互作用、多环节相互配合的发展过程，必须以全面系统的指导思想和实施原则来从事创新，任何强调一方面忽视另一方，重视一个环节而忽视另一个环节的创新都不会取得真正的成功。教育思想和观念的创新是前提和基础，没有这方面的准备与铺垫，那么创新就是无源之水；教育体制的创新是实现创新思路的保障，没有良好的运行机制，创新思路就不可能落到实处，付诸实践；同样，教育内容、教育结构、教育类型、教育手段、教育方式的创新都直接与创新的成败密切相关。因此，教育创新应具有全局观，创新作为一个整体，它的各个因素、各个环节都要统筹兼顾，进行系统优化组合，形成一个有机的整体，有序的过程，最终才能促成教育系统的快速发展。

教育创新应特别提倡原始创新

创新的各个类型中，最能解决现实问题、带来最大社会和经济效益的是原始创新。古人曰："创，始造之也。"就充分诠释了这一点。原始创新不是量的简单积累，而是质的飞跃；不是对现存的系统修修补补、改头换面，而是彻底地用新思维、新体制、新方法、新手段解决问题。据统计，我国国民生产总值及从事科研与技术开发的工作人数均居世界前列，但我国科研和专利的国际竞争力的排名却不太理想。这个事实充分证明，从业人数多不等于整体实力强。造成这种结果的原因是多方面的，但教育也难逃其责。由于缺乏大量的创新型人才，也就不可能产生大量的原始创新，原始创新匮乏，一个国家的科技水平也就不可能提高。因此，在今后教育创新的进行过程中以下几点应得到特别关注：在培养创新型人才的目标中，应尤其强调原始创新指标；在教育创新目标设定和在创新型的教学内容改革中，应尤其注意原始创新的比重；在教育理论和体制的改革中，也应鼓励原始创新，从整体上全面建立一个适应社会主义市

场经济、贯彻人的全面发展，适合中国国情又顺应国际化趋势的新型教育系统。

教育创新是从实践中来、到实践中去的创新

创新的目的是为了解决客观世界中存在的问题，为社会发展和人类进步作出贡献。因此，客观现实需求是创新的直接动力和来源。没有社会发展和人类进步之需求的提出，创新就不可能产生，即使产生也是主观臆断的产物，同时，这种产物在现实世界中也找不到发挥作用的场所。

创新的成功产生后，就应该通过合适的形式使之在现实社会中得到推广和实施，只有这样才能尊重创新者的劳动，不浪费创新过程中国家和个人投入的大量人力和物质资本，使之变成解决社会问题、提高劳动效益的现实生产力。同时，创新只有通过推广到实践中去，经过实践的检验，才能彰真抑伪、完善自身。只有经得起时间和实践的检验的创新，才是具有生命力和生产力的创新。那些打着改革和创新的旗号，沽名钓誉，违背科学和教育规律甚或宣传伪科学的人，只有通过实践才能使他们现出原形，这一点，在现阶段的我国应该尤其得到重视。

教育创新是与时俱进的创新

唯物辩证法明确告诉我们，真理是相对的不是绝对的。创新的成果也一样，都有自己起作用的条件、环境和历史时间段，一劳永逸的创新是不存在的。每个创新随着时间和地点的变换，都有一个被完善、修改和纠正的过程，有一个被再次创新的可能，甚至有时会被一个崭新的创新推翻和取代。教育是国家社会大系统中的一个子系统，随着大系统中其他子系统的变更，如经济模式的改革和产业结构的变化，人口数量的增减和国民结构的改变，都促使教育系统自身以及于教育系统中实施的政策、措施（包括创新成果）也应做出相应的调整，针对新情况就要求提出新的教育理论，新的教育政策和新的教育措施。人类要进步，社会要发展，教育要改革，那么创新就没有止境，创新就必须与时俱进，新的时代呼唤新的创新，新的创新同时也必将创造新的时代。

/ 创造性学习

创造离不开知识，创造性培养同样离不开创造性学习。创造性学习是指学习过程中的独立思考，自己探索为基本学法，对学习中遇到的问题勇于提出自己的见解，勇于寻求新的理论，不轻易放弃自己的看法，不人云亦云。创造性学习不仅强调学习的结果，而更注重学习的过程。启发引导学生在知识的海洋里遨游，潜移默化地增长创造的才能。

/ 创造性学习的特征 /

创造性学习的形成经过了一个漫长的过程，由许多心理学家经过不断的研究和探索，最终形成了一套关于创造性学习的理论。它是创造性教育的一种形式。创造性学习强调学习者的主体性，重视学会学习，注意学习策略和方法，关注学习活动的动机，追求创造性学习目标。

创造性学习是创造性教育的一种形式

学习活动，是要把人类所获得的一切经验、认识和文化成果，都用来充实新一代的青年的头脑，以改变个体的行为，为文明服务，为社会发展服务。学习活动的基础是

教育;教育是受教育者学习活动的前提。而我们今天强调创造性学习,则须以创造性教育为基础;创造性学习则是创造性教育的一种形式。

所谓创造性教育,是指在创造性学校管理和学校环境中,由创造型教师通过创造型教学方法培养出创造型学生的过程。创造性教育是在创造性理论的推动下,由创造性的训练而发展起来的。这种训练包括两个方面,其一,心理学家为了发展人类的创造才能,推荐了各种不同的创造力训练程序。例如,人的创造才能发展是与培养个体形成多层面完整人格的整个过程分不开的,而不能单纯地局限于诸如"创造性问题的解决过程"上,因为学生个性(人格)及其内在动机的形成,对创造力发展是至关重要的,而个性的形成必须接受教育的影响。又如,提倡问题解决训练和其他许多鼓励学生自己提出问题,或懂得教师是怎样提出某些问题的思路,以便呈现创造能力的方法。其二,教育措施除了对持续和成功的创造力必不可少外,其非常重要的作用可以归于它的组织化因素。它的目的是保证主体的高效率,以及维持其高度创造力的心理状态。近年来,我们已经看到许多应用各种组织化程序刺激创造力的建议。例如,大脑风暴法(brain storming),即创造性解决问题的五步过程:发现问题——发现事实——发现观念——找到解决方案——寻找认可这个观念的同伴;并将观念应用于实践。又如举隅法(syntctics),即对于别出心裁的思路,决定性的因素是程序。研究者指出"形成熟悉的陌生"(making the familiar strange),意思是:一个人正在形成一种在某些熟悉事物上具有新面貌的尝试,他审慎地假定一个不同于完全被认可的观点,并且发展了一个针对众所周知现象和事物的非同寻常的尝试。

创造性教育就是在这种创造力训练的基础上发展起来的。它不需要专门的课程和形式,但必须依靠改革现有的教育思想、教育内容和教育方法来实现,特别要考虑到:呈现式、发现式和创造式;聚合思维(convergent thinking)和发散思维的效果;创造教学与学生身心发展规律的关系;学科教学、教学方法和课外活动的作用。那么创造性教育的要素有哪些呢?在创造性教育中，首先，要提倡学校环境的创造性，主要包括校长的指导思想、学校管理、环境布置、教师评估体系及班级气氛等多种学校因素。应该指出，民主气氛是学校众多因素的关键，学校里有否民主气氛，这是能否进行创造性教育的关键。其次，要有创造型的教师。教师不是单纯地传授知识、经验和文化，而是在传授知识、经验和文化的同时，更注重于培养人塑造心灵、变革精神世界。因此，一位优秀教师绝不是传声筒般的教书匠，应该是教育目的的实现者，教学活动的组织者，教学方法的探索者和教育活动的创造者，创造型教师就是指那些善于吸收最新教育科学成果，将其积极应用于教育教学中，并且有独特见解、能够发现行之有效教育教学方法的教师。创造型教师主要包括教师的创造性教育观、知识结构、个性特征、教学艺术和管理艺术，特别是教育教学方法，这是能否培养和造就创造性人才的关键之一。第三，培养学生创造性学习的习惯，使学生形成一种带有情感色彩且自动化的学习活动，关注呈现式、发现式、发散式和创造性的问题，这就是创造性学习。所以，创造性学习是创造性教育的一种形式。

创造性学习强调学习者的主体性

主体与客体(subject and object)原是哲学概念，是用以说明人的实践活动和认知活动的一对哲学范畴。主体是实践活动和认知活动的承担者；客体是主体实践活动和认知活动指向的对象。学生的学习活动是有对象的或有内容的，这就是学习的客体。谁来学呢?学生。学生必然是学习活动的主体。然而，在传统的学习观中，更多的是强调教师教，强调接受，强调重复性学习。我们并不否定教师在教的过程中的主体地位，也不否定接受学习的形式和重复性学习在学生学习活动中所占的位置，但在倡导创造性学习的过程中，我们更强调学习者的主体性。主体性是学习者作为实践活动、认知活动的学习活动主体的基本特征，它的实质是由于人有自我意识。自我意识，是人的意识的最高形式，它以主体自身为意识的对象，是思维结构的监控系统。通过

自我意识系统的监控，可以实现人脑对信息的输入、加工、存储、输出的自动控制系统的控制。这样，人就能按照自己的意识相应地监控自己的思维和行为。我国古代思想家老子曰："知人者智，自知者明。"这正说明，人在实践活动和认知活动中，自我意识的监控所表现出来的分析批判性，体现着一个人的智力与能力的水平。美国心理学的研究表明，创造性思维和自我概念存在正相关。自我认可、独立性、自主性、情绪坦率上高水平的被试，同样也是高创造力者。如何用这种主体性来揭示学生的学习，又如何来理解学习的主体性呢？

首先，学生是教育目的的体现者。教育(培养)目标，尤其是创造性教育目标是否实现，要在学生自己的认知和发展的学习活动中体现出来。如果学生没有学到知识、没有掌握教育内容，没有用所学的知识促进自己身心的发展和变革，那么教育的目的也就成了一句空话，创造性学习则更是无从谈起。在创造性学习的学习目标上，学生不仅能获得书本或教师传授的知识，而且还对教师和书本上的知识进行分析，提出质疑，更自主而有选择地吸收。

其次，学生是学习活动的主人。学生的学习积极性是成功学习的基础，只有学生主动学习、主动认知、主动获取教育内容、主动吸收人类积累的精神财富，他们才能认识世界，促进自己的发展。从一定意义上说，主动学习就是创造性学习的基础。教师相对学生的学是外因。外因必须通过内因才能起作用；教师的教，只有通过学生的折射才能生效。在学习过程中，师生的交互活动，旨在实现学生的社会化、个性化和创造化。所以，学生是学习活动、尤其是创造性学习的主人，创造性学习只有在学生主动学习的过程中才能实现。

再次，学生在学习活动中是积极的探索者。在创造性学习活动中，学生不仅要接受教师所教的知识，而且要消化这些知识，分析新旧知识的内在的联系，敢于除旧布新，敢于自我发现。从这个意义上说，学生在学习过程中，尤其是创造性学习过程中是探索者和追求者。对学生主体来说，学习远不只是知识的简单增加，而是一个人存在的每一部分都会与某种学习经验、知识、文化相互贯穿，并导致其态度、个性(人格)及对未来的选择方向发生变化。因此，学生只有发挥主体性，才能使其学习更有创造性的成分，从而更主动地获得发展。

最后，学生是学习活动的反思者。任何学习都有一个反思的过程，这就是认知心理学强调的元认知(metacongnition)。在创造性学习中，尽管也有直接理解或直接领悟的直觉思维，即所谓的“知其然，不知其所以然”，但更重要的是有批判思维(critical thinking)的成分，即“知其然，知其所以然”。换句话说，在创造性学习中，要有严密的、全面的、有自我反省(或反思)的思维，要有思维活动的监控的成分。有了这种思维，在学习中，就能考虑到一切可以利用的条件，就能不断验证所拟定的解决问题的假设，就能获得新颖、独特的问题解决的答案，使学习活动更好地获得定向、监控和调节的功能。因此，反思或监控是创造性学习的一个重要组成部分。

创造性学习倡导的是学会学习，重视学习策略

在学校里，学生最重要的学习是学会学习，最有效的知识是自我控制的知识。创造性学习所倡导的是学会学习。要学会学习，这就有一个学习策略(learning strategies)的问题，即学习者必须懂得学什么、何时学、何处学、为什么学和怎样学。

在国际心理学界，对学习策略的看法存在着较大的分歧，归纳一下，大致分为三类：一类是把学习策略看作是学习的规则系统；另一类是把学习策略看做是学习过程或步骤；再一类是把学习策略看作是学习活动。看法虽不一样，但反映了不同的研究者从不同的角度出发去揭示学习策略的特征，这对我们是有借鉴意义的。

我们认为，所谓学习策略，主要指在学习活动中，为达到一定的学习目标而学会学习的规则、方法和技巧。它是一种在学习活动中思考问题的操作过程；它是认知(认识) 策略在学生学习中的一种表现形式，我们在这里要强调的四个问题是：一是学生

学习的目的性；二是学生的学习方法，在一定意义上说，学生的学习策略主要成分是学习方法；三是学生的思维过程；四是学习策略和认知(认识)策略的关系。

学会学习或学习策略并不是一个新的思想。在西方，最早提出这个问题的是法国思想家和教育家卢梭(Rousseau，J.1712—1778)。他指出，形成一种独立的学习方法，要比获得知识更为重要。这里已蕴涵了一种创造性学习的思想。在我国，早在2500多年前，孔子(公元前551—前479)就已重视学会学习的做法，他的名言“学而不思则罔，思而不学则殆”，讲的就是学习过程中学习与思考关系的策略的问题。但真正提出策略却是在20世纪60年代以后的课题中。认知心理学对此起了很大的作用。认知心理学家们重视创造力的发展，重视创造性学习，重视学生是学习的主人，所以强调了学生学会学习的重要性。

我们在上边论证创造性学习过程中学生的主体地位，正是为了强调学生学会学习和学习策略的重要性。这里我们还要强调三点。

首先，重视学生的学习策略，就是承认学生在创造性学习过程中的主体性，强调学生在创造性学习活动中的积极作用。学习策略受制约于学生本人，它干预学习环节、提高认知功能、调控学习方式，直接或间接影响着主体达到创造性学习目标的程度。可见，学生掌握学习策略的过程，是一个学习的监控性、积极性和创造性的统一过程。

其次，学生的学习策略是学会学习的前提，学会学习本身是一种创造性的学习，学会学习包括着学生运用一系列的学习策略。学生的学习策略是造成其创造性学习成分多少，从而形成个别差异的重要原因。例如，研究表明，反应慢而仔细准确的“反省型”被试，比起反应快而经常不够准确的“冲动型”被试来，表现出具有更为成熟的解决问题的策略，更多地作出不同的假设；愿意循规蹈矩、喜欢依赖有条理秩序的“结构化”策略的被试，同希望自已来组织课堂内容的“随意性”方式的被试，在学习态度、学习成绩和创造性程度表现上是不尽相同的。

第三，学习策略是一系列的有目的的活动，它是学生在学习过程中所选择、使用、调节和控制学习方法、方式、技能、技巧的操作活动。学习策略应该包括制订学习计划、监控学习目标、激发动机、感知教材、理解知识、记忆保持、迁移运用、获得经验的学习过程，以及对学习活动作出检查、评估、矫正、反馈。学生在学习过程中逐步地形成自己的学习策略，有了良好的学习策略，他们就领会其学习内容，懂得学习要求，控制学习过程，以便作出新颖、独特且有意义的决定，及时地调整自己的学习活动，或者作出恰当的选择，灵活地处理各种特殊的学习情境。一句话，形成创造性的学习活动。

总之，学生的学习过程，特别是创造性学习的过程是一种运用学习策略的活动。学生要学会学习，学会创设创造性学习的环境，寻找独特的方法，善于捕捉机会发现问题和解决习题，都得运用一定的学习策略。否则的话，不仅学会学习进行创造性学习成了一句口号式的空话，而且连问题的解决、知识的获得、技能的掌握也难以实现。

创造性学习者擅长新奇、灵活而高效的学习方法

创造性学习者能能动地安排学习，有较系统的学习方法，并养成了良好的学习习惯。

学习过程是学生经验的累积过程，它包括经验的获得、保持及其改变等方面。它的重要特点在于学生有一个内在因素的激发过程，从而使主体能在原有结构上接受新经验，改变各种行为，进而丰富原有的结构，产生一种新的知识结构和智力结构。因此，学习的过程，有一种学生的主观见之客观的东西，这就是他们在学习过程中发挥的自觉能动性。学生这种能动性发挥的程度，正是反映其创造性学习的水平。换句话说，学生的自觉能动性发挥得愈出色，他们对学习的安排愈新颖而独待，获取的知识

就愈多愈新，从而使其智力活动具有更高的创造性。因此，如何安排学习，是学习方法是否有效的一种显著表现。创造型学生能能动地安排学习，例如，创造型学生在时间安排上，不一定按规定时间去学习，除了完成课堂作业外，他们自觉能动地把更多的时间花在阅读课外书籍或从事其他活动上，从而捕捉与一般学生不同的知识、经验与文化，建构着自己的知识结构和认知结构。由此可以看出能动地安排学习与高效的学习方法之间的关系。

创造型学生有着较为系统的学习方法。过去论述学习理论时，强调学习方法。二十世纪六七十年代以来，开始重视各种学习变量对学习方法选用的影响，把学习方法的选用置于更为广泛的学习情境中考察，从而转向研究各种学习变量、元认知与学习方法选用的关系。这样，就将学习方法的探索提高到一个新的水平，即上边提到的策略性学习的水平。如果用战术与战略关系来作比喻，学习方法属于战术的范畴；而根据学习情境的特点和变化选用最为适当的学习方法才是学习的策略，它属于战略的范畴。可见，学习方法由于种类多，又因情境而区别，所以因人而异。这种差异就决定了学生是否有系统的学习方法，能否选用最为适当的学习方法，也决定着学生学习的创造程度。学习方法尽管种类很多，但其中一些经过反复实践和修正、形成具有模式意义的学习方法，并得到广泛的应用，例如循环学习法、纲要学习法、发现学习法、程序学习法等等。创造型的学生，在选择学习方法时，往往遵循学习的规律，明确学习任务，利用一切可利用的学习条件；根据学习的情境、内容、目标和特点而灵活地应用；他们表现出强烈而好奇的求知态度，不断地向教师、同学与自己提问；想象力丰富，喜欢叙述；不随大流，不依赖群体公认的结构；主意多，思维流畅性强；敢于探索、试验、发现和否定，喜欢虚构、幻想和独立行事；善于概括，将知识系统化等。这样，不仅提高了学习的效果，而且也发展了创造能力。

养成良好的学习习惯是培养高效学习方法的基础。如上所述，所谓学习习惯，是一种无条件的、自动的、带有情感色彩的学习行为。这种行为从哪儿来呢?行为主义心理学家华生(Watson, J.B, 1878—1958)曾提出“学习的习惯化”这样一种学习理论，认为学习的过程就是习惯形成的过程。复杂的习惯是由一些简单的条件反应构成的。这些条件反应是在学习过程中，通过条件化作用，将散乱的非习惯(无条件)反应加以组织而形成。而教育心理学家一般认为，学习的形成有四个条件：一是模仿；二是重复；三是有意练习；四是矫正不良的学习习惯。良好的学习习惯，能使学习从内心出发，不走弯路而达到高境界；不良的学习习惯，会给学习的成功带来困难。从系统科学的观点来看，学习习惯是一种能动的自我组织过程。一定的学习环境使个体学习达到一个临界状态，从学习到智力与能力高低的质变，往往是由学习习惯这种序参量来决定的。在客观的学习环境作用下，主体的学习习惯常常将一些单个的行为协同起来，自动地作出一系列的学习行为。可见，学习习惯是一种自动化学习行为的过程，是智力与能力发展的过程。在学习中，是人云亦云、鹦鹉学舌、死守书本、不知变化；还是不拘泥、不守旧、打破框架、求异创新，这正是重复性学习和创造性学习的两种不同的学习习惯。一个人养成重复性学习习惯还是创造性学习习惯，往往同其智力与能力水平的高低有直接的关系，它是反映智力与能力的重要指标。因此，高效的创造性的学习方法，必须从认识不良学习习惯并将其打破开始；并且要持续地养成创造性学习的习惯。久而久之，习惯成自然，就形成一种创造性的学习风格(learning style)，即稳定的学习活动模式。如果一个人小学阶段的创造性比别人高一点点；到中学阶段其创造性又比别人高一点点；再到大学阶段仍保持其比别人高一点点的创造性，这“一点点”可能使其走上社会变成一个创造发明的能手。因此，养成良好的创造性的学习习惯，其好处是无可估量的。

创造性学习源于创造性活动的学习动机，追求的是创造性学习目标

学习行为要由学生学习动机来支配。学生的“会学”水平取决于“爱学”的程度。

学生的学习活动，是由各种不同的动力因素组成的整个动机系统所引起的。其心理因素主要是需要及其各种表现形态，诸如兴趣、爱好、态度、理想和信念等，其次是情感因素。从事学习活动，除要有心理因素的需要之外，还要有满足这种需要的学习目标。这种学习目标包括学习目的、内容和成果。由于学习目标指引着学习的方向，可把它称为学习的诱因。学习目标同学生的需要一起，成为学习动机系统的重要构成因素。学生的学习动机之所以能发挥其用，这与它的激发有直接关系。学习动机的激发，是利用一定的诱因使已形成的学习需要潜在状态转入活动状态，使学生产生强烈的学习愿望或意向，从而成为学习活动的动力。学习动机的激发，其诱因可以来自学习活动本身所获得的满足，也可以来自诸如学习目的、学习成果和远大目标等学习之外所获得的间接满足。

创造性学习来自创造活动的学习动机，所以创造型学生的学习动机系统有其独特的地方。在学习兴趣上，创造型学生有强烈的好奇心，有旺盛的求知欲，对智力活动有广泛的兴趣；表现出出众的意志品质，能排除外界干扰而长期地专注于某个感兴趣的问题上；在学习动机上，创造型学生对事物的变化机制有深究的动机，渴求找到疑难问题的答案，喜欢寻找缺点并加以批判，且对自己的直觉能力表示自信；在学习态度上，创造型学生对感兴趣事物愿花大量的时间去探究，思考问题的范围与领域不为教师所左右；在学习理想上，崇尚名人名家，心中有仿效的偶像，富有理想，耽于幻想，用奋斗的目标来鞭策自己的学习行为。

创造性学习者追求的是创造性学习目标，创造性学习在一定意义上是一种创造性活动。创造性活动的指标之一是通过产生创造性产品来体现的。产品是看得见、摸得着、易于把握的。尽管这种产品不必直接得到实际应用，也不见得尽善尽美，但产品必须是创造性学习的目标所追求的。这种创造性学习的产品，可以是一种语言、文学上的作品，例如作文；也可以是一种科学(数学、物理、化学、生物等)的形式，例如，新颖、独特且有意义的解题；又可以是一种近乎科技的设计、方式和方法，例如科技活动小组的制作等等。总之，创造性学习活动所追求的学习目标有着与众不同的特点。在学习内容上，创造型学生不满足对教学内容或教师所阐述问题的记忆，许多人喜欢自己对未来世界进行探索；在学习途径上，创造型学生对语词或符号特别敏感，能在与别人交谈中，利用一切机会捕捉问题，并发现问题；在学习目标上，创造型学生不仅能获取课内外的知识，而且有高度求知的自觉性和独立性，得到不同寻常的观念，并分析批判地加以吸收。

学习贵在创新。有人认为、学习只是接受前人的知识，学习书本上的知识，不是什么创造发明，根本谈不上什么创新。我们则认为，学习固然不同于科学家的研究。但也要求学生敢于除旧，敢于布新，敢于用多种思维方式探讨所学的东西。学生在学校里固然是以再现思维为主要方法，但培养他们的创造性思维，也是教育教学中必不可缺的重要一环。思维的创造性或创造性思维，不应该理解为仅仅局限于少数创造发明者身上所具有的思维形态，它是一种连续的而不是全有全无的思维品质，学生在学习过程中，具有独特、发散和新颖的特点，这应该说是他们创造性思维的一种表现。研究学生思维创造性的发展和培养，研究他们的创造性学习特点并加以促进且作出科学的分析，这是思维心理学和学习心理学研究的一个重要的新课题，也是信息时代赋予教育工作者的一项重要的新任务。

/ 学生的创造性学习能力的培养 /

就我们所说的创造性学习而言，中小学生具有巨大的潜力。这种潜力是让中小学生进行创造性学习的基础和成功的保证。

在我们的社会里有许多杰出的青少年，他们在20岁左右就表现出了突出的才能，取得了

令人惊讶的成就。许多领袖人物在20多岁就成了杰出的军事指挥家，许多运动员在20岁左右就取得了国际冠军的桂冠，许多艺术家在20多岁就有了传世作品，许多科学家20岁就能在国际闻名刊物上发表署名文章。

有些人在某个领域中特别有创造性，但儿童期并没有杰出的表现。这或许是因为一些能力比另一些能力容易外显，容易被人注意。或有较高哲学理解力的早熟儿童，在童年期时被辨认出来是困难的。结果，这种儿童成为天才的可能性相对减少。例如，像爱因斯坦这样的科学家。后人注意到从爱因斯坦所读的书、所表达的思想中，表明了他在那个年龄就已具备了特别的科学理解力和天赋，虽然那时他的学习成绩并不优秀。

开发学生的创造性学习潜力，一个重要方面是培养学生独立从事研究的能力。以下从创造性思维能力和信息收集与处理能力两方面讨论如何培养研究能力。

创造性思维能力

创造性思维能力的培养，简单介绍批判性思维、求异思维和探索性思维三个方面。

第一种思维是批判性思维。这主要表现为对传统观念的质疑。一件事情是什么或必须是什么，每个人都会有一个假设，通常人们不注意这些假设，因为这是些广为接受的假设。但有创造性的人常对人的广为接受的假设提出质疑，甚至最终也使他人对自己的假设表示怀疑。如哥白尼说地球绕着太阳转，当时这种说法被认为是荒谬的，因为任何人都肯定太阳绕着地球转（其实它只是一种假设）。有时不幸得很，要等许多年甚至是有创造性的人死了之后，其他人才认识到自己假设的局限性或错误。正是有创造性的人对很多假设的质疑，才使文化、技术和许多方面取得了进步。批判性思维就是指这种对已有的知识或观念持批评态度的一种思维策略。下面举一个例子来说明批判思维的特征。一位作者在一组杂文中讨论了“过街老鼠无人喊打”，“杀鸡儆不了猴”，“树上一只鸟被枪打死，其他鸟不飞走”这三个问题。哪怕是写一篇短文，发表一个评论，提出一个意见，都可以体现出批判性思维，都是培养批判性思维的有效形式。为此，网上协作研究性学习的网络课题管理人员在制定“课题指南”的时候可以列出一些引导和鼓励学生积极发扬批判性思维的题目，例如，传统的观念认为，“乌鸦和狐狸”的故事是批评“狐狸狡猾”，请在合作研究的基础上写出一篇短文，反对这样的观点（例如认为狐狸在生存竞争中能够“知己知彼”，利用乌鸦的“虚荣心”和“缺乏自知之明”战胜对方）。

第二种思维是求异思维。批判性思维是寻找和已有结论相对立的否定式思维，而求异性思维仅是寻找和已有的答案相异（但不一定相悖）的结果，是一种发散式思维。在多角度立意的作文练习中，每一个新角度的发现，就是对前一个角度的“求异思维”的体现。如化学学习中思考如何用与教材不同的方法去提取某种化学物质，数学学习中研究与教材不同的解题方法等等，都可以看成是求异性思维的具体表现。这样的求异思维能力是将来发明、创造的前提和保证。

第三种思维是探索性思维。在传统的教学中，老师布置给学生的习题往往是“结构良好的”，就是说已知条件是明确给定的，不多也不少；未知条件也是明确给定的，不用学生自己发现问题、提出问题。这样的习题对学生理解知识和熟练掌握知识是有益的，但对学生的创新思维能力的培养没有多大的作用。创新思维能力的培养需要使用“结构不良”的问题，即问题没有明确提出来、已知条件不充分的题目。这一类问题需要学生独立地进行探索，主动地寻求新的信息。因此，对学生的创新思维能力的培养有极大的作用。因此，教师在准备教案的时候要更多地提供“结构不良”的问题，引导学生积极开展研究。例如，提供的已知条件多于要用到的条件，让学生自己去鉴别哪些是有关的或必要的，哪些是无关的或多余的；或者，提供的已知条件不足，让学生自己去补充；或者，只提出一个题目，不给任何资料，让学生去查找信息，解决问题。又例如，不是明确提出问题，而是创造一个问题情境，它包含问题，但没有明确表示出问题，让学生自己提出问题。更甚至于，还可以让学生自编题目。

在科学知识的日常运用方面，在理化实验方面，都可以培养学生的创新性思维。例如，“开放实验”是个好办法。传统课堂上的实验，学生做什么，怎么做，用哪些材料，都是老师事先确定好的，学生只要依照老师的要求一步一步地去做就行了，不需要进行创新思考。这对于掌握基本实验技术是有好处的，但对创新思维能力的培养没有多大的好处。

而开放实验是指在传统实验的过程中，鼓励学生发现问题，提出问题，并大胆地设想问题的解决办法（提出假设），然后鼓励学生独立地设计实验去检验自己的假设。教师在课题立项审查中，要对实验是否可行，有没有危险进行评价。这种开放式实验对学生的探索性思维能力和动手实验能力的培养大有益处。为了保证学生能够开展这样的研究，学校要在课后对学生开放实验室，打破传统实验的封闭性。

教师在结题鉴定阶段做些评语和打分时，都要充分注意探索性思维的培养目标。例如，通过实验写出来的论文，在得分上就要高于一般议论性的论文，以引导学生不仅要有议论，还要通过实验或时间来检验自己的评论。

信息收集与处理能力

古今中外的历史上借助图书馆最终成为大学问家的大有人在。马克思在大英博物馆图书馆留下了永恒的脚印；列宁在流亡中到过欧洲的许多图书馆；毛泽东在学生时代利用图书馆读了很多书；著名的科学家华罗庚、陈景润也都是利用图书馆学习成才的。用现代的眼光来看，收集和处理信息的能力是创造发明的必不可少的基础条件。

创造性学习非常重视学生独立学习的能力，它要求学习者根据自己的领域兴趣，查阅大量的相关资料，因此，收集与处理信息的能力的培养也是网上协作研究性学习的重要目标之一。

第一种能力是收集资料能力的培养。对特定领域产生兴趣之后，就会产生许多疑问，即问题。一旦问题产生后，学生往往急于了解其中的奥秘。但是，“结构不良”的问题不同于传统教材的问题，它们往往是无现成答案可循、无现成教科书可查的，这就要求学生必须围绕问题查找相关的资料，有效地利用学习资源来帮助自己解决问题。所以说，查找资源也是一种很重要的学习能力。首先，学生要学会使用社区和学校的图书馆，而且，还要学会利用工具书。工具书的种类很多，除了词典还有百科全书、年鉴、手册、传记资料、地理资料、年表等。善于使用工具书，就可以排除许多在学习过程中遇到的困难。其次，学生要学会使用网络搜索的方法。现代信息技术的迅速发展促进了许多网络学习平台的面试，使得网上学习成为可能。国内学者张庆林等开发的"远林网上协作研究性学习系统"就是其中之一。该系统包括"研究课题指南"、"正在征集合作伙伴的课题"、"正在研究的课题"、"已经完成的研究课题"、"研究性学习资料库"等栏目，都带有检索功能。当然，学生如果学会了"远林网上协作研究性学习系统"中的搜索方法，也就可以用同样的方法在因特网上进行搜索。最后，学生要学会使用"活"资料。孔子说过，"三人行，必有我师焉"，要鼓励学生和有创造性的人接触。一些富有创造性的学生很快学会确定研究的目标，但突出的问题是不制定如何达到这个目标，模仿是有效的途径。探索和发现的兴趣是有感染力的，多和有创造发明的人接触，通过范例和气氛，可以促进学生的创造性。

第二种能力是处理资料能力的培养。收集资料之后，需要对有价值的信息进行处理，使琐碎的资料概括化，复杂的资料简约化，隐含的资料明朗化，庞杂的资料条理化。学生资料的处理能力应该包括如下几点：

第一，取舍资料的能力。当学生查阅大量资料以后，就会感到头绪太多，无从着手，此时学生要学会依据自己的研究目标和兴趣，来对庞杂的资料进行取舍。对所收集到的资料要进行圈点勾画，把握要点，浓缩资料。学生要学会对不同价值的资料，采用不同的阅读方式：有些资料只读标题；有些资料只进行"快速阅读"；有些资料需要仔细阅读某些部分并作摘录；有些资料需要全文仔细阅读，反复体会，反复思考。

第二，对所收集的资料进行分类归纳的能力。当学生从收集到的大量资料中筛选

出了有价值的资料，就要对手上的资料进行分类归档，并一类一类加以研究。此时，要有从多角度看问题的系统思维方法，把握住不同类型资料之间的联系，从整体上把握这些资料。

第三，处理收集到的资料与个人研究资料之间关系的能力。一方面，要考虑自己的研究资料和他人资料的相同之处，相互印证，进一步证实自己观点的正确性；另一方面，要考虑自己的研究资料和他人资料的不同之处，发现自己资料的创新价值，必要时提出自己的新观点，并在以后的研究中进一步验证自己的新观点、发展自己的新观点。

/ 创造性的理论与模型

不同学派的心理学家从不同的角度分析、研究人类的创造性，因此没有统一的创造性的理论与模型，而是百花齐放的。本章会先先介绍一些早期的创造性的理论，然后介绍近期出现的创造性模型，最后再介绍一部分从生理机制角度进行的创造性研究。

/ 创造性的早期理论 /

早在柏拉图 (Plato) 和亚里士多德 (Aristotle) 时代就已经从不同的角度对创造性的产生进行了描述。柏拉图以一些艺术家为例，把创造性看做是一种神秘的外部灵感，它不为人自身所控制；相反，亚里士多德则认为创造性的产生必须遵循自然规律，他认为艺术以及人类发明是按自然规律产生的，都是可以预测的。

他们的争论一直影响到现代心理学界。一些人认为灵感、顿悟在意识中出现的方式是不可避免的；而另外一些人则和亚里士多德一样认为创造性的认知加工是可以研究和预测的。20世纪的心理学家已经从不同角度分析了创造性，下面我们将主要介绍几种有代表性的创造性理论。

精神分析理论 /

精神分析理论是从无意识的角度解释人类的行为、发展以及人格特点的。该理论通常是通过童年经历来分析成年行为，其对创造性的解释为：它是从无意识的角度去解释个体创造性行为的动机。

弗洛伊德 (Freud)

弗洛伊德最早涉及到创造性动机的本质。他认为创造性的源泉是意识到的现实和无意识的驱力之间的冲突，这种冲突的表现形式有权利、财富、名誉或爱情等。弗洛伊德关于创造性的观点中，性能量的升华或转移占了重要的地位。他认为当性能量在正常的性生活中没有消耗尽时，就可以转移和投入到事业追求中，从而产生出创造性的产品，比如艺术家创造的作品不过是将自己潜意识的愿望以公众接受的方式表达出来罢了。创造者是受到了挫折的人，他在性生活或其他方面不能得到满足，便转而在创造中寻求满足。

弗洛伊德还认为，与在儿童身上发挥的作用相似，创造性活动使成人能面对冲突，并为激起一个包括许多情绪内容的幻想世界提供机会。儿童在游戏中经常通过扮演一个重要的成人角色（如领袖、将军、父母等）来满足愿望，而成年人则可通过创造出一个艺术作品来满足他白日梦的愿望。然而人们常常对他们的白日梦感到羞怯和窘迫，所以在创造性作品里，白日梦就得到了伪装。

弗洛伊德在对高创造性作家的评述中提到："我们可以假定一个快乐的人从不幻想，仅仅只有一些不满足的体验。这些不能满足的愿望就是他幻想的动机，他的每一个幻想都是对现实中不能满足的愿望的实现。而这些动机性的愿望又与人的性、个性和环境密切相关，一般来说主要有两类：一类是有助于个体提高的、有抱负的愿望；一类就是与性相关的愿望。对于年轻的妇女来说，与性相关的愿望占主要地位，而年轻男子亦是如此(Rothenberg,Hausman,1976)”。

克里斯(Kris)和库别(Kubie)

后来的精神分析学家继承并发展了弗洛伊德的观点。克里斯认为创造性加工起源于退化(regression)，创造性个体其实是在重建童年时期的一些无意识观点，而这些无意识一直在影响着人的意识。克里斯相信通过自由联想可以获得这些无意识，但是和弗洛伊德不同的是，克里斯强调退化是服从本我的。也就是说，他认为包括沉思、问题解决和创造等童年状态都是有目的的，都是可以被创造者控制的。他提出了创造加工的两个阶段假设：第一个阶段是灵感阶段，来自于人的无意识，是不可控制的；第二个阶段是详尽阐述阶段，来自于人的自我意识。

库别 (1958年) 发展和修改了弗洛伊德的精神分析理论。他认为创造性是有根源的，但不是人的无意识，而是位于意识和无意识之间的前意识。因为不管是意识还是无意识都有扭曲或破坏创造性的功能。一方面，意识的表征过程限制了我们必须使用语言来回忆过去的经验，这就会受到语言的限制，如果没有语言的限制，那么人的创造性和想象力会更丰富。另一方面，由于无意识完全受制于人的欲望和需要，所以同样也会限制人的创造性。如果一名画家不断地重复进行相同格调的绘画时，我们可以将其行为视为是无意识需要的一种表达。然而，创造性却要求多样化。在库别看来，这种能够产生多样化的意识状态是位于意识的前过程，一般出现在梦醒时分或是白日梦里。

库别相信，要提高人的创造性就必须加强前意识的加工。“目的在于从无意识加

工的扭曲和阻止以及意识的限制中释放出前意识加工。无意识是驱动力，而意识是评价与限制。但是创造性是前意识的结果。这是我们未来教育所将要面临的一个大的挑战。”

库别的理论打破了弗洛伊德认为精神 (neuroses) 在创造性中的重要角色。他认为无意识驱力和精神都会在创造性活动中表现出来，但精神是有碍创造性的。如果一个人的无意识需要很强大，就会支配甚至扭曲前意识加工，个体就会在反复的类似创造性行为中停滞，而不是真正的创造性行为。大量的绘画和小说等作品如果都基于相同的格调，就可能是将意识冲突的紧张以一种可接受的形式释放出来，但从库别的观点来看，这些都不是创造性。

荣格 (Jung)

作为经典精神分析的代表人之一，荣格同样相信个人经历与无意识在创造性形成中的重要性。他把力比多看做是一种生物的普遍能量而不是简单的性能量，是一种创造性的生命能量，它为个人的心理发展提供能源。力比多的活动遵守能量守恒原则，即力比多总量保持不变；力比多的分配遵循均衡原则，即趋向于在各种心理结构中寻求一种平衡。在荣格看来所谓创造是由于主体心理力比多分配失衡而萌发创造动机，在创造互动中去疏导心理能量，寻求平衡的一种复杂过程。

荣格认为来自于群体的影响比个体单独的意识对创造性的产生更重要。荣格对人类行为的方式、历史以及各种传说进行了分析，提出“集体无意识”的概念，并因此将人的信念系统分为三个层次：意识、个体无意识、集体无意识。集体无意识是人脑中的经验，但它不是个人经验，而是人类发展过程中的祖先经验和原型，是由遗传而来的对外界有一定刺激和反应倾向性。也就是说它的存在不依赖于个体的经历，在个体的整个生命过程中永远不会被感知。因此，荣格认为，人类具有蕴藏在集体无意识之中的无限的创造性潜能，个人却无法自觉地意识到。荣格的理论说明人类巨大的创造性潜能蕴藏在集体无意识中。

当代精神分析学派

米勒(Miller)和卢森博格(Rothenberg)都非常重视创伤、神经病和创造性之间的关系。

米勒研究了高创造性个体的童年创伤，发现童年创伤与后天创造性发展存在一定的关系。比如，米勒研究了毕加索的作品《Guernica》，发现了这幅作品和毕加索3岁时家乡的一场地震有关，当时的毕加索正随家人逃亡他乡。米勒同样研究了其他许多高创造性个体，发现他们后天的创造性都是源于童年创伤的无意识。尽管米勒提倡减少对儿童的责备以消除早期创伤，但我们并不清楚是否消除了早期创伤就消除或改变了后天的创造行为。

卢森博格通过对大量艺术家和科学家（包括美国当今著名的诗人作家以及诺贝尔奖获得者）进行精神治疗的访谈与实验，对他们的创造性加工进行了测试。通过这些研究，他提出创造性的产生有两个加工过程：第一个加工过程叫做两面神思维加工(tanusian process)，是根据罗马神Janus来命名的。在这个加工过程中，两个对立的构思将会同时产生，虽然这种对立构思不一定表现在最后的创造物上面，但是对于创造性构思起着非常重要的作用。第二个加工过程叫做同空间思维加工（homospatial process），该加工被定义为“积极地酝酿两个或更多的不连续的实体或元素来占据同一心理空间，从而产生连接新观念的概念”。在该加工过程中，卢森博格利用幻灯片来进行实验操纵，试图使同空间顿悟变得顺利，专家们所给出的判断证实了附加图像的喻义比那些由其他幻灯片呈现的信息更具有创造性。

卢森博格还研究了精神病与创造性加工过程的关系，并发现尽管创造性加工和

精神病人的思维加都不同于常理，但是这二者间还是存在着很大的差异。

和所有的精神分析学家一样，卢森博格同样总是大脑的无意识加工。但是，他认为创造性思维加工仍然是在创造者们健康的以及受非理性无意识控制的理性意识中产生的。

行为主义与理想主义理论 /

心理学家都认为人的行为是意识和无意识交互作用的结果。但是，联结主义心理学家则认为人的行为是一系列刺激和反射的结果。最具代表性的是被誉为“行为主义之父”的斯金纳(B.F.Skinner)，他认为个体行为是由其强化所决定的，如果其行为得到了积极的正强化，该行为就会得到加强；反之就会得到削弱。心理学家们受此观点的影响，把注意力从驱力的交互作用转移到了对行为的观察上。

斯金纳

斯金纳认为每一个行为的产生都是刺激—反射和强化的结果。在他的观点中我们看不到行为或思想的真正起源，因为他们都仅仅是个体经历的必然产物。他还预言，如果谁的经历和莎士比亚完全相同就必然会写出同样的作品。从这个理论看来，要影响一个人的创造性就必须对其进行相应的强化，对创造性有益的正强化会激发更多的创造行为。

梅德尼克(Mednick)的联想理论

作为一个联结主义理论者，梅德尼克同样认为行为是刺激—反射的产物，他将创造性、独创性视为个体的远距离联想(remote associate)能力。他认为,创造性就是把头脑中的观念按照不寻常的、新颖独特而且有用的方式加以组合,从而形成一种新联结的能力。因此,创造性就是那种在意义距离遥远,表面上看似不存在联系的事物之间建立新联结的能力。

根据联结主义的理论,梅德尼克于20世纪60年代初编制了“远距离联想测验”(RAT)。该测验题目是从遥远联系体中抽取出来的一系列三个词组成的项目,被试的任务就是寻找第四个与这三个词都发生联系的词。其基本形式是:给被试呈现两个或三个词,要求其写出一个与它们各自都有联系的词,或在下面写出几个可供选择的字母,其中一个是正确答案开头的字母,要求被试选出该字母。这项测验大多以大学生为对象进行集体施测,也可个别施测。该测试有时间限制,但时限比较宽松,测验结果根据被试联想反映的数目得出积分。该测验的最大特点是测试出被试建立词与词之间新联系的能力,它实际上是考察被试的聚合能力,即从不同词的具体特征中找出它们的共同特征,这是体现个体思维聚合水平的一个重要指标。

梅德尼克认为一个人的创造性可以通过训练对同样刺激产生不同联结来得以提高。

通过实验,梅德尼克还假设,许多单词联想人物和创造性测验已经证明压力确实削弱了独创性。“头脑风暴”技术曾经被认为是最有利于创造性思想产生的方法,其实他们减少了创造性,因为有他人在场形成了一种外部的压力。这意味着,创造性测验有减少创造性成绩的可能性,甚至由奖励引起的紧张可能都会降低创造性。

人本主义理论 /

人本主义心理学家不是把重点放在神经科学或者强化史上,而是注重个体的正

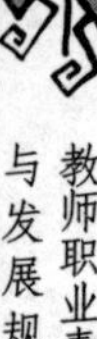

常成长与大脑的健康发展。人本主义心理学家认为创造性是精神健康发展的最高产物。

马斯洛(Maslow)

人本主义的创始人之一马斯洛创立了需要层次理论。他把人的需要从低到高分为五个层次:生理需要、安全需要、归属和爱的需要、尊重需要以及自我实现的需要。他认为只有一种需要得到满足,更高一层的需要才会出现,转而支配人的意识生活。自我实现的创造性不是受对取得成功的渴望所驱动,也不是对被禁止的冲动和愿望的释放的结果,而是基本需要已得到满足的人的自发表达。然而,马斯洛确实发现,不是所有的创造性都达到了自我实现的水平,那些拥有特殊才能的人也可能是有创造性的,但是他们往往没有获得自我实现。

为了解决这个冲突,马斯洛开始对两种类型的创造性个体进行研究。一类是有特殊才能的创造性人才,他认为这类人具有健康的人格以及某些创造性才能的特殊天才,他是我们平时没有注意到的;而第二类是自我实现的创造性个体,是马斯洛创造性理论的基础。他相信自我实现的个体有着健康的行为和理想,他们比起一般意义上的艺术家,在其行为上表现出了更广泛的创造性。

马斯洛同时提出认知需要可以分为两个层次:了解的欲望和理解的欲望。前者主要依赖于自然的成长过程,是本能的好奇;后者是后天学习的过程,是对事物深入理解的需求。

如果认知需要得到了满足,就会体会到马斯洛所说的"终极体验"(end-experience)。这种体验"常常是一个令人感到欢快、幸福、激动的平台,甚至可能是人一生中很高的一个平台"。阿基米德在领悟到浮力定律时兴奋得在大街上边跑边喊就是一个典型的例子。能体验到认知需要得到满足的人，容易激发内部动机，很多人正是受强烈的求知欲和好奇心驱使才终身进行创造发明的。马斯洛还特别指出，认知需要有时会压倒其他更基本的需要而占据主导地位，即吃、住、穿都极困难的情况下，也要从事研究，以满足认知需要，甚至在爱的需要、尊重的需要得不到满足、没有被社会承认的情况下也要追求真理。这种压倒一切的认知需要大多是在兴趣的驱使下产生的。

从马斯洛的理论来看，有较高自我实现需要水平的创造性个体将会表现出广泛的创造性。他们将比一般个体更具有自发性和表现力，而且会更自然地表现出更少的约束性。他认为，能够毫无约束地自由表现出自己想法的能力是创造性个体的一项基本能力，这种能力类似于天真的、无忧无虑的高创造性儿童。马斯洛对创造性个体的特点进行了总结，他认为创造性个体都具有很强的求知欲和更好的自我悦纳。

罗杰斯(Rogers)

罗杰斯把重点放在对创造性个体成长的观察研究上。他相信创造性受自我实现的倾向、发挥潜能的驱力所驱动。自我实现的驱力是每个人都有的，但要完全在创造性中表现出来需要某种环境。他通过观察研究认为，创造性产生有三个必要条件：充分自由的体验、自我内部评价和概念原理的灵活运用。

罗杰斯认为在宽松自由的环境中，个体能够体验到充分的自由，没有被控制感，这样更有利于创造性的发挥。所以他强调没有外部评价、拥有充分自由的环境，强调摆脱控制、获得自由的重要性，这样的自由有利于人们获得创造性的无意识的、活跃的思维。在创造性必需的三个内部条件中，罗杰斯尤其强调自我的内部评价，如果感受到被别人评价就会限制创造性的发挥。因此，创造性个体必须对他们的工作进行自

己内部评价。当然，这种情况最有可能发生在没有外部评价、拥有充分自由的环境中。同时罗杰斯相信，个体能够把他头脑中所学到的各种概念、理论灵活组织并且能够灵活运用的能力也是创造性产生所必需的。

创造性的加工过程理论

高文(Govan)的理论借鉴了皮亚杰(Piaget)和艾里克森(Erikson)的认知和情感阶段划分。他认为创造性发展包括一系列由低到高的不同水平，每个水平都包含一个三阶段循环。在每个水平的第一阶段，个体对外界环境的关注最多；第二阶段最关注的则是自己；第三阶段关注的中心就是别人。每个水平的第三阶段被视为创造性的关键。

第二个认为创造性分阶段的心理学家是维果茨基。他的创造性阶段理论有很重的社会文化色彩。维果茨基认为，创造性是受社会文化交互作用影响的；他分析了创造性思维，并把创造性分为三个阶段。

维果茨基认为创造性思想产生于儿童游戏中，创造性想象发展的关键是让儿童学会使用物体进行象征性游戏，比如儿童在游戏中学会用砖头表示房屋。维果茨基还区分了再生想象和组合想象，认为前者是来源于记忆的思想，而后者则是个体过去经验中的某些成分组合的新情形或新行为，也就是我们所说的创造性。小孩子用砖头建的房子可能都是他们在生活经验中所理解的房子，但是他们也可以将生活中各种房子可能有的成分进行一种全新的组合。象征性游戏阶段是受社会影响的，比如成年人的建议和指导。

不管早期经验有多重要，维果茨基仅仅把它看做创造性的开端，而不是高峰。因为小孩毕竟比成年人少了很多兴趣，对事物也没有更深入的理解，并且发散式思维也不够发达，所以他们的创造也不够成熟。“小孩的想象并不太丰富，而且不如成年人，儿童的想象力也是在不断的发展中，但只有在成年阶段才发展成熟”(Smolucha,1992)。成年人的创造性被认为是个体为了从事艺术创造或者科学发明、理论研究等，而在特殊的社会条件下改变或组合想法的一个有意识的思维加工过程。

根据维果茨基的阶段理论，从儿童不成熟的想象到成年成熟想象的过渡阶段——深思创造性阶段(thoughtful creativity)出现在青年时期。在青年时期，想象和思维被认为是两个分开发展的，发展水平也不同，而到青年期时，这两个水平就合二为一了。在青年期，个体就有了概念和抽象能力，他们就比儿童时期有更多的活动和有意志力的创造性行为。象征性游戏中的儿童主要是模仿或者是受他人指导，而成熟的创造性应该是有目的的、可自我控制的。维果茨基认为，这种类型的创造性发展受个体内部言语、学校教育以及概念思维的影响。言语能力的发展允许个体去思考、表达和交流一些根本不存在的事物。学校教育要求学生学习思考以培养他们的认识能力。概念思维可以使个体对经验进行加工和结合，从而创造新的或者更复杂的事物。学校教育要求学生学习思考以培养他们的认识能力。概念思维可以使个体对经验进行加工和结合，从而创造新的或者更复杂的事物。我们可以去思考那些根本不存在的事物或者那些还没有生成的理念，只要可以想象出来。

因此，维果茨基认为创造性始于儿童期的象征性游戏阶段，并一直发展到有意识的可以自我调节的功能阶段，且受内部语言和概念发展的影响；想象和思维的连接从青年期开始，而直到成年期，个体的创造性才真正成熟。

/ 创造性的近期模型 /

早期的创造性理论都是从一个角度揭示创造性的本质，而近期的研究比较强调创造

性的多角度整合，建立了许多更加复杂的、更具综合性特点的创造性模型。

在创造性模型的研究初期，许多心理学家认为创造性是一个纯粹的心理加工，建立了一些过程模型。但随着时间的推移，大量事实证明，一个人的创造性还要受到外部因素的影响。例如，在艺术家创造性的纵向研究中发现，一些有创造潜力的人长大后从事了平常的职业，没有研发出具有创造性的产品；相反，另一些被认为缺乏创造性的人却制造出堪称为创造成果的艺术作品。因此，现代研究还需要把各种内外因素综合起来考虑。也就是说，在创造性研究中持一种开放系统的观点。

创造性的过程模型 /

创造性过程模型最早是杜威和沃勒斯提出的，近代的过程模型已经有了很大的发展。下面先介绍杜威的五阶段模型和沃勒斯的四阶段模型，然后主要介绍最近出现的更复杂的、更系统的、更实用的帕恩斯—奥斯本模型。

酝酿模型

最早的创造性过程模型是杜威的问题解决模型。杜威把问题解决加工分为五个步骤：感受到困难；认识困难；收集可能解决问题的方法；寻找最佳方案；找到解决问题的方案。

沃勒斯则认为创造加工包括四个阶段：

第一个阶段是准备阶段。在这个阶段里，创造者需要收集信息，思考问题，并且要努力寻求最佳的解决方案。

第二个阶段是酝酿阶段，这是其模型的核心部分。在这个阶段里，个体并非有意识的思考问题，他可以去干其他的事情，但是在无意识水平上却仍然在酝酿着这个问题。酝酿阶段，到底是如何运作的呢？这个问题至今还是心理学家们争论的话题。

第三个阶段是豁朗阶段，也就是“啊哈！”的体验阶段。“啊哈”是在突然找到解决问题的最佳方案时的豁然开朗。经过酝酿阶段而突然达到豁朗阶段的一个经典的例子就是凯库勒发现苯环。他在研究苯分子结果的过程中冥思苦想，久久不能得到结果，最后在疲倦中睡着，他在梦里见到很多蛇，其中有一条蛇咬住了自己的尾巴，形成了一个环状。他醒来后，受到了梦的启示，一下子豁然开朗得到了苯的结构。

第四个阶段是验证阶段。对豁朗阶段得到的“顿悟”进行了进一步的验证。

沃勒斯的创造性加工四阶段模型虽然是早期的很简单的雏形，但是却很有影响，对后来的许多创造性理论模型都有一定的启迪。

帕恩斯—奥斯本模型

帕恩斯-奥斯本模型的创造性问题解决模型(model of creative problem solving)，简称CPS，最早是由奥斯本1963年创立的，由多个心理学家历时20年之久才完善的。CPS模型与其他模型不同的是，它不仅解释了创造性问题解决的加工过程，而且还是一种能够有效地实际运用于问题解决的工具。该模型包括下面六个阶段：粗略发现(寻找解决问题的各种机会；确立一个粗略的问题解决目标)；资料发现(考察各个细节，大体观察；确定最重要的资料，使之指引解决方案的提出)；问题发现(思考不同的问题陈述；确定问题的性质)；主意发现(产生众多可能解决问题的方案；考虑各种潜在的可能性，选择一种最可行的方案)；答案发现(提出解决问题的各种标准，分析方案的可行性；选择一些用于最后确定方案的标准)；方案确定(考虑各种资源，提出方案的各种执行计划；形成一个最好的行动计划)。

创造性的系统模型 /

我们知道任何心理现象都是不能离开外部环境的，创造性也是如此，我们不能仅仅把它单纯地看做一种独立于外部的心理加工过程。而前面提到的过程模型过多地强调个体内部心理机制而忽略了外部环境的影响。其实创造性也是个体内部与外界环境的交互作用所产生的，我们不能仅仅把创造性看做是一种个人身上所具有的特质，而应该结合环境来建立一个内外结合的创造性模型。

费尔德曼的顿悟和无意识

费尔德曼根据顿悟的发展建立了一个比较完整的创造性理论体系。作为一个大的体系，费尔德曼充分考虑到了各种条件对高创造性个体的交互作用。他列出了影响创造性加工过程的七个维度：认知加工；社会和情感加工；家庭观念——成长过程与现在留下观点；教育准备阶段——正式与非正式；所处环境和场的特点；社会文化方面；历史以及发展趋势。

作为一个发展心理学家，费尔德曼相信创造性的发展是随着7个维度的改变而改变的。与罗杰斯提出的创造性是全人类发展过程中都具备的本能特性相反，费尔德曼关注的是超常的、非普遍性的创造性发展。非普遍性的发展是高创造性个体的发展。从发展心理学理论来看，整个人类的认知体系都是在认知图式与环境的不断交互作用下发展的。由此，费尔德曼认为，创造性会受到环境的强烈影响，人的内部认知也会随着外部场的改变而改变。

皮亚杰依据思维结构的变化提出了同化和顺应两个思维加工，费尔德曼提出了第三个加工：转化。在转化过程中大脑不是依据已往的经验构建新的观念，而是引导认知重组开辟一个全新的途径，以使个人观点与外界信息达到统一。

费尔德曼的理论在一定程度上是矛盾的，他的理论前提是以常用的认知加工理论作为前提的，可是他的结论却与之相悖。他坚持认为顿悟与无意识对创造性加工的重要性，大量引用了梦和顿悟来发展他的创造性理论。费尔德曼的创造性模型包括了以下三个方面：

第一，人脑有一种天然的倾向，也即“去弄清究竟什么是真的自由”，这一般都是无意识的(前意识或者潜意识)，这个倾向是他的转化加工基础。这种无意识的转化会被意识目标有所表现，而且可能通过梦或者瞬间意识来浮现于意识层面，而意识需要一个由无意识加工转化的必要现实。如果费尔德曼假设转化是一个无意识加工过程，那么我们理所当然地认为用外部机构来解释创造性是必要的。我们在心理学实验中看到，人们可以在实验结束后描述自己的认知过程，但事实上他们并不一定采用过这种加工方式。这与费尔德曼强调的顿悟与无意识加工比较符合。

费尔德曼理论的第二个方面是“对改变现状的渴望”。费尔德曼相信创造性的根源是对改变的渴望。

他的理论的第三个方面是：他相信新的创造力是受前一个创造结果所激励的。费尔德曼认为观察他人的创造成果也可以对自己的创造力有一定的激发，从这一点也可以看出费尔德曼是重视环境和个人的交互作用的。

西克森特米哈伊的系统观模型

西克森特米哈伊发展了创造性的系统观模型。他认为，对创造性的研究要同时重视个体的自身因素和影响创造性的外部因素。他认为外部因素主要有两个大的重要部分：一是文化因素，在这里被称为“领域”；二是社会因素，在这里被称为“场”。创造只有在个人、文化、社会的相互作用中才能产生。

文化，在该模型中被称为“领域”，可以理解为知识领域，是创造性的一个必要成分，这是因为脱离某个知识领域而去讲创造是不可能的。人们能通过领域中已有的知识来创造，也能通过领域中已有的知识来评价创造出来的产物。没有规则，就不可能有例外；没有传统就不可能有创新。当一个人在某个领域产生了某种能传承下去的变化时，创造就发生了。有一些人比别人更有可能创造，或者是因为个人因素；或者是因为他们有好运气处于这个领域的适当位置，使他们能更好地接触这个领域；也或者他们的社会环境使他们有充足的时间去做实验，即他们具有更多的该领域中积累的知识，这是产生创造的一个非常重要的因素。而且，也正因为存在一个运用文字符号的可记载、观察的文化，才使得他们的想法能够被那些接受过相应培训的人所评价、分享和接受。

社会，在模型中被称为“场”，也是产生创造的一个重要成分。在这里，“社会”不是广泛的意义上的社会，它的定义有了一些限定：某一个领域内发生的变化必须被那些有权利决定它能否被包含进这个领域中的某些人或群体批准后，才会被采用，各个领域的把关者都要评价出现的新东西，并决定它们是否能被纳入该领域中。这些有权力的“把关者”就称其为“场”，即指一个领域中的社会组织。每个领域的“场”大小是不一样的，例如，在物理学中，少数权威的大学教授组成一个场，他们的观点就足够说明爱因斯坦的思想是创造性的，而大多数人即使不理解相对论，也会认为爱因斯坦是有创造性的。有些领域的把关者，甚至包括了整个社会。比如说，如果出现了新口味的可口可乐，整个国家的人都可以决定是否接受它。

个体，是指创造的主体。这里的“个体”不只是进行认知活动的人，而是整体的人。乌班提出了关于创造性个体的“创造性成分模型”，详细阐述了何为“整体的人”。这个模型包括了六个成分，这六个成分大体可分为两组：一组是认知成分，主要包括发散性思维，一般知识背景和特定知识背景；另一组是主人格成分，主要包括：动机、对任务的投入或义务和对歧义的忍耐性。而且这些成分不是孤立的而是相互交叉或重叠的。

格鲁伯的进化系统观

格鲁伯是把系统的观点引入创造性研究领域的先驱之一。他认为系统的研究方法是“多元化”的，这种方法不但重视影响创造性的各种因素的复合性，并且重视每个创造性个体在其所处的社会和情感世界中的独特体验。格鲁伯主要对诸如达尔文等杰出人物的毕生经历进行回溯性研究。他发现，这些杰出人物的高创造性很大程度上应归功于其社会环境系统的影响。

格鲁伯等人提出了一个理解创造性的进化系统观，它包括个体的动机系统、知识系统和情感系统。经过三者多次的交互作用，个体在解决问题时所产生的观念变异被不断放大，最终获得创造性的产物。动机系统主要指的是个体感兴趣的一系列目标，它会引导行为的发展。随着个体解决问题的经验的积累，知识系统也在不断地发展更新。情感则指在以上过程中产生的快乐感或者挫折感。他们认为，创造性的过程好比生物的进化历程，是另一种“适者生存”，新颖，独特的思维方式在“进化”的过程中不断积累、发展，从而产生出创造性的产物。

格鲁伯及其同事已证实了观念的历史性变化。进化系统观就是认为外在环境主要是通过影响个体行为的目的性来影响个体的创造性活动，目标是创造性活动的中心。通过考察达尔文思想的长期发展，格鲁伯总结了创造性成果产生的以下五个特点：长期研究某些重要课题，比如人类、心理、唯物主义、变异和转化；工作计划复杂，内容广泛，他对许多不同领域都感兴趣，而且这些兴趣能持续数十年；其作品中有许多比喻；有宏大的目标激励着他，指导他每天的活动和大规模项目的选择；对自己的工作有深厚的感情。

/ 无处不在的创新

这是一个创新的年代，创新，已经变得无处不在。创造，已成为当今企业和社会前进和发展的一种手段和方式，它促进着社会进步，人类生产力不断提高，带给发展新的活力，呈现出“忽如一夜春风来，千树万树梨花开”、“病树前头万木春”的繁荣景象。

创造学就是要通过对创造发明史和当今大量的发现、发明的过程实例进行解剖、分析、研究，力求找出创造发明活动的规律，借助规律有效地进行各种创造发明。

如果说，五年前人们提起创新，脑海中还浮现的是研发部门，是遥不可及的尖端技术、复杂的方程式和庞然大物的话；那么今天，当我们看到每天都有新的商业模式，新的公司，新的做事方法，新的年轻人用创意的想法创造巨大财富的时候，我们发现，在今天，创新无处不在。

当前是创造发明的时代，是知识爆炸的时代。国家之间、企业之间的竞争越来越激烈，从现象上看是产品竞争，从实质上看是智力竞争、是创造力的竞争，归根到底是创造发明的竞争。江泽民同志指出：“一个没有创新能力的民族，难以屹立于世界民族之林。”在我国，教育的最高宗旨是造就具有社会主义觉悟的创造型人才，以加速社会主义建设，为实现共产主义的崇高理想奋斗。教育要面向未来，首先就得面向世界、面向现代化。这就要求我们的教育事业，不仅要教会学生掌握现代科学技术，而且还要教会学生科学思维方法和发明创造技能，使之具有多方面的能力，这正是创造教育的宗旨和目标。

/ 创新者无处不在 /

很多产品的创新方案往往并不神秘，关键在于合理的思维导向和合理的技术运用。创新，也许就在你身旁。在日益激烈的市场竞争中，人们选择商品就如同进入一片森林找寻一棵树，消费者在选择中极容易迷失，而商家也将遗憾地与顾客擦肩而过，错失商机。所以，商家往往需要给客户以特别的“吸引提示”或者“记忆提示”才能引导他们选定自己的商品。那么，企业的产品创新，独有的核心技术就是企业的“记号”和“与众不同”。

计算机键盘作为常用的办公设备随处可见。普通键盘体积较大，不便携带，于是美国海军陆战队配备了一种可折叠键盘。PDA产品使用了液晶触摸屏键盘，而近来以色列一家公司推出了一种虚拟激光键盘，将键盘的虚拟影像投射出来就可以进行键盘输入。键盘的一系列创新演变TRIZ称之为动态性进化法则，这其中包含着“组合”、“相变换”等创新原则和标准解读。其他日常用品如手机、电视、电脑、家具也随处可见动态性进化和“创意问题解决方法论”的创新原则。

索尼公司的便携式随声听（WALKMAN）曾被誉为20世纪最成功的消费品发明之一，随身听引发的销售热潮创下了一个世界纪录。为了缩小随身听的体积，就要想尽一切办法，即使里面多余的空间只有气泡大小也要努力挤出来。索尼公司就用这种方式来逼迫研发人员继续创新，如同要把人类的百米短跑纪录缩小0.1秒一样，这同样是在挑战极限。凡是在挑战极限的事情，都是无法用逻辑证明的，因为以前没有先例。然而，正是有了这种不拘常理的挑战极限，真正的创新才能够诞生。索尼公司为什么要设计像磁带盒大小的随身听？原因很简单，是因为这样的随身听可以放在衬衣口袋里，这是作为外行的消费者的要求。

企业的员工也可以进行创新，提出产品创意。目前虽然很多企业都对增强自身的自主创新能力给予了高度的重视，但是对于创新的理解和创新的途径，依然还存在着很多误区。如不少人认为创新是个别设计人员的事情，是天才的事情，是高不可攀的事情。其实创新没有那么玄妙，创新是企业每个员工都可以从事的活动。六西格玛创新方法论中的"创意问题解决方法论"为每个普通员工从事创新活动提供了系统的工具和平台。"创意问题解决方法论"是从大量的发明专利中总结出来的理论，它将产品分解为39种参数，认为创新的需求来源于产品这些参数之间的矛盾，而创新就是对这些矛盾的合理解决。对于这39个参数中的任意两个之间的矛盾，"创意问题解决方法论"又提供了参考的创新原则及其衍生出来的标准解读，使得每一个员工都可以按照这样的思路去找寻创新方案。这些原则和标准解读是"创意问题解决方法论"的研究者们从上百万的经典专利中总结归纳出来的，事实证明现存的众多创新大部分都符合这些创新原则及其延伸出来的标准解读。六西格玛创新就是六西格玛管理方法中针对企业自主创新提出的方法论。为企业创新提供了系统的思路和丰富的工具。更为可贵的是，它揭开了创新的神秘面纱，指出创新并非遥不可及，而是触手可及，无处不在。

一双常用的筷子，简单的工具，经过何佳怡小朋友的改装后就解决了外国人用筷难的问题。她的方法其实很简单，就是在普通的筷子2/3的位置处钻了两个孔，再用2厘米长的弹簧从两个孔之间穿过并固定，为了防止筷子上下摆动，在筷子的顶部加一个固定的夹子，这样筷子拿在手里就是一个整体，能起到镊子一样的功能。有了这样的筷子，外国人吃面条就不难了！而何佳怡想到将普通筷子经过简单的改造时只有七岁。可见，创新无处不在，创新也不在年龄的大小，关键在于有没有创新的意识和观念，有了想法再加上行动，就可以超越自我。

很多产品的创新方案往往并不神秘，关键在于合理的思维导向和合理的技术运用。创新无处不在，创新也并非高不可攀。就如同竞技体育离不开群众体育的基础一样，全员参与、全方位创新才是企业真正意义上自主创新的发展方向。

/ 创新无处不在 /

创新在生活中各个领域无处不在，同样在同一个专业领域也是无处不在的。下边就以IBM公司的几个创新事例来说明这一现象。

SMILE—小想法也能带来大变化 /

首先讲的这个故事，是来自于所有IBMer都曾面临的一个小烦恼：Conference Call（电话会议）。作为一名IBMer，都免不了要打国际Conference Call，而且很多时候，由于时差的问题，国际Conference Call都安排在了晚上很晚的时间，晚上在办公室，免不了总看到研究院的员工们哈欠连天，满脸疲惫的打Conference Call的苦相，于是，员工们就在想，能不能有些办法，能让大家在家里，躺在床上也能打国际Conference Call呢？这个小小的想法，就诞生了中国研究院的SMILE电话系统。在SMILE电话系统中，你可以输入自己的接听电话号码和需要拨打的对方号码，SMILE会首先通过互联网IP电话拨打对方号码，接通后，再通过本地电话系统拨打到你的电话上，通过这样的方式，员工们就可以在家里方便地拨打国际长途电话，并且不需要支付任何费用。自从使用了SMILE系统后，同事们提起Conference Call，真的就像这个系统的名字一样——SMILE。而今年，SMILE已经推广到了IBM全球，不仅方便了成千上万的IBM员工，也为公司节省了大量的通信费用。

一个小小的想法，最终变成了影响整个公司的大事情。这样的例子，在研究院内部还有很多，事实上，IBM每年所提交的3000多项专利，其中有很大一部分都是源于同事们的日常工作中的创新想法和创意。

尼葛洛庞帝说，“真正的创新不在CEO的大脑中，她在你的脑中”，伟大的创造总是自下而上的，她不是来源于经济学家和CEO，不是来源于命令和指示，而是来自于我们每天的工作中打破常规的想法，对不同的观点的宽容和不断尝试。只要不断坚持，你的那些小小的新想法，都可能变成影响世界的大事情。

Model Blue—和客户一起创新 /

下面的这个故事发生在2003年。当时，IBM的一个合作伙伴，一家区域性的银行机构，发现由于泛太平洋地区经济的高速发展，他们的客户存在很多的跨区域性资产。比如，很多企业在大陆、香港和美国都有分支机构，需要频繁的在不同区域间进行资产管理和资金互转。每次，当需要大规模资金调动的时候，就必须在不同区域间的银行账户内互转，手续繁杂，资金调动周期很长，成本也非常高，很多客户因为资金调转周期的缓慢丧失了大好的投资机会。这家银行机构希望能够有新的整合性的金融产品能够支持跨区域性的账户管理，然而，要实现这样的金融产品，存在很多的障碍，跨区域交易的逻辑复杂性，跨区域间不同IT系统的整合，不同类型金融数据的通信和转换，都是一个个放在客户面前的难题。研究院的同事通过对客户问题的深入分析，创造性地提出了“模型驱动”业务流程的解决方法。通过这个方法，客户的金融交易可以被描述成一张可视的业务流程图，这张业务流程图可以自动地转化为系统运行的各个组件，大大降低了系统的复杂度和产品开发成本。很快，这家银行就帮助客户完成了跨区域金融账户产品的开发，在这个金融产品中，银行客户分布在不同区域的账户资产，可以集中在一个虚拟的综合账户中进行管理，客户只需点几下鼠标，就可以将上海账户上的流动资金划转到香港或者美国金融市场进行投资交易，或者在不同

地域分支机构间灵活调配资产。产品一经推出，就受到了银行客户的极大欢迎，为这家银行创造了巨大的效益，这间银行对研究院工作的感激更是溢于言表，每年研究院庆典和其他重大活动时，这家银行都会专程派人前来祝贺并表示对我们的感谢。

而这个成功的故事，也让研究院的同事们更加深刻地理解了"创新"的真谛，这个时代的创新，不应仅仅是坐在实验室内的"研究性工作"，能够与我们的客户，我们的合作伙伴，我们的市场一起思考，用更有效的方法，新的模式解决客户所面临的问题，为客户创造新的价值，才应该是IBM所倡导"创新精神"的真正意义。

Branch Reconfiguration—合作创造力 /

创新，不仅仅来自来自于对专业领域的不断钻研，更来自于不同领域和不同想法的结合，下面这个故事，就是来自于跨领域的思想火花碰撞。

最近几年，各种商业机构对于客户的争夺越来越激烈。银行、零售连锁，都在不断通过增加营业网点和门店来争取更多的客户。可是，这些商业网点怎么开，开在哪里，开多大，怎样的布局最合理，都一直是困扰这些商业机构经营者的大问题。针对这个问题，研究院的同事们汇集了来自方方面面的专业知识和先进科技，将统计模型，地理信息，人口和经济数据，运营成本分析，物流和交通信息等各个领域的知识相结合，与IBM商业咨询部门的同事一起，共同设计出了Branch Reconfiguration的网点转型解决方案，在这个解决方案的设计过程中，来自不同领域、不同学科和不同背景的IBM同事们，将抽象的数学模型，实时的卫星数据，人口和经济的统计学知识以及咨询顾问丰富的行业经验相结合，非常有效地帮助客户设计出最优的网点布局方案。

在传统的创新模式中，创新者和研究机构都将精力集中在各自独立领域和子领域中，而竞争的加剧，技术的发展和全球合作的广泛开展，越来越多的创新者，开始利用各种知识的互补性来解决跨越单一领域的复杂问题，相对于单一领域的创新，跨领域创新更需要不同领域的合作和开放共享。人们越来越意识到，利用各种知识的互补性来研究跨越单一技能范畴的问题，能够给一些非常小的问题带来巨大的价值。跨学科，跨领域的合作环境也能够激发出创造力。

与此同时，我们也意识到，在一个差异化的背景下，有效的获得创新的“合力”亦并非易事，它需要冒险，打破规则和损失某些现有利益。从某种意义上来说，创新似乎总是低效的。创新行为通常都是无章可循、触犯众怒的，并要求打破旧习、产生疑惑和矛盾。

因此，营造富有创新精神的文化，其中重要的一个因素，就是对创新活动自上而下的支持，需要鼓励不同观点，鼓励冒险。这个道理很简单，在一个不鼓励冒险的环境中，如果上级希望的是3，执行者就只可能做到2，因为做到2.999或者3.01可能会“过界”，会带来“危险”，而做到2最“安全”，但长久的看，这种“安全”却是企业最大的危险。如果我们回顾最近20年来产业的发展，我们能够看到很多优秀的公司，优秀的技术，因为过多的考虑“安全”而失败，而那些最成功的公司，却无一例外具有激进、大胆和不断创新的特质。

创新这一概念是由美籍奥地利经济学家熊彼特首先提出的，“我认为创新就是一种新知识或技术在人类生产的应用并使生产力获得结构性改变的过程”。“创新是一个民族进步的灵魂，是国家兴旺发达的不竭动力。”对于创新的意义，江泽民同志曾作过精辟的论述，“作为一个独立自主的社会主义大国，我们必须在科学技术方面掌握自己的命运，一个没有创新能力的民族，难以屹立于先进民族之林”。这些论述既是对历史经验的总结也是对今后发展目标的概括。创新是企业快速持续发展的根本动力，现代国际竞争更加激烈，国际竞争在相当程度上是借以创新为基础的经济实力为标杆的。创新是人类财富之源，是经济发展的巨大动力。在不同的经济发展阶段，创新都一直推动着经济的发展，只是在各个阶段发展的方向和表现形态不同而已。创新是

实现可持续发展的有效途径，各国的经济发展表明，没有创新，就没有经济的发展，科学技术时代对经济发展的作用主要是通过技术创新来实现的。在知识经济时代，创新对可持续发展将会具有更加特殊的重要作用。人类社会的进步发展离不开创新，从原始人类的爬行到直立行走；从奴隶社会到封建社会；再从资本主义社会到社会主义社会，人类每一次的社会变迁和制度改革都离不开创新。

创新包括很多方面，有理论、技术、知识、制度、文化、管理、教育、生活等等。创新围绕在我们身边，我们在生活中只要留心发现就会有我们自己的创新的观点和发明。创新无处不在，需要的只是我们对生活的认识和发现。

教育是知识创新、传播和应用的主要基地，也是培育创新精神和创新人才的摇篮。

——江泽民

教师的创新性培养

一 教师自身创新性的培养

21世纪是知识经济的时代，知识经济的核心在于创新。江泽民同志指出："创新是一个民族进步的灵魂，是一个国家兴旺发达的不竭动力。"同时，江泽民同志又指出："教育是知识创新、传播和应用的主要基地，也是培育创新精神和创新人才的重要摇篮"；"在提高创新能力和提供知识、技术创新成果方面，教育都具有独特的重要意义"。由此可见，创新需要人才，而人才培养的基础在于教育，创新教育已成为21世纪教育的最佳选择。为了实施创新教育，培养创造性人才，必须不断提高教师本身的创新素质。

时代呼唤教育创新，呼唤创新型人才，素质教育把培养创新精神和实践能力作为重点，正是反映时代的要求，作为教师也要用创新理念来武装自己。所以进行素质教育，创新教育的同时，教师的创新性培养也就显得尤为重要。

人可以通过在创新活动中的创新表现来完善自身，达到自身创新性的一个提高。教师自身的发展和学生的成长息息相关，所以教师自身的发展也同样重要，甚至从某种意义上来说，前者更要重于后者。因为，教师的发展是教育成功的根本保证，也是学生能得到全面发展的前提，同时也是丰富与提高教师生命内涵的一个实践途径。创新能力的提高应作为教师发展的重要内容和主要目标。所以，教师应该把"培养人才"作为真实的教育目标，把"自我发展"作为个人价值的选择，把在工作中面临的一切困难和障碍，都视为对现有的知识、能力、人格的一次挑战，从而成为推动自己不断学习、反思、探索、创新的不竭动力。只

有用创新的态度去对待工作的人，才能在完整意义上懂得工作的意义和享受工作的快乐。

另一方面，如果教师对自己的世界都不好奇，又怎么会使学生也产生好奇？如果教师自己的思想是封闭的，又怎么会使学生形成开放的态度和思想？如果教师没有体现出反思的价值，又怎么会使学生重视思考呢？所以，我们说教师本身不具备创新的态度和价值观，就不可能有效地教育教导学生。作为学生学习、模仿的对象，教师要是自身缺乏生命的活力、创新的灵动，学生也就会失去了学习的兴趣和动力。所以，教师不仅需要熟练掌握学科知识以及独特的认识世界的视角、维度与思维模式，同时也应该具有充分挖掘学科内伟大的发现过程，展示其中蕴涵的科学精神与人格力量的能力。也就是说，教育应该用富有创新精神的人去培养、塑造具有创新精神的人。美国心理学家托兰斯的研究发现：教师在培养创新性动机测验中的成绩与学生的创新性写作能力之间存在一定的正相关，这说明教师创新性的高低对学生创新性的培养是相当重要的。另一项研究探讨了教师的态度对学生创新性的影响：教师对学生自主的重要性的认识，与儿童倾向于挑战、好奇、独立控制自己的愿望有明显的相关。由此可以发现，教师在教学中的态度会影响学生的内部动机，进而影响学生的创新性。因此，教师的热情会带动学生的热情，教师的创新会引发、带动学生的创新。从这个意义上讲，教师的创新性是学生创新性的活水源头。

本章将从人格、教育思维和教育技术这三个方面来探讨如何培养一名具有创新精神的教师。

/ 教师创新人格的培养 /

心理学上，关于人格的定义是指个体在行为上的内部倾向，它表现为个体适应环境时在能力、情绪、需要、动机、兴趣、态度、价值观、气质、性格和体质等方面的整合，是具有动力一致性和连续性的自我，是个体在社会化过程中形成的给人以特色的身心组织。美国教育学家戴尔·卡耐基对各界名人进行了广泛的调查后认为，个人事业上的成功，15%是取决于他们卓越的学识和专业技术，85%靠的是不凡的人格心理素质。因而有人说：“人格即命运”。也就是说，除了才华和机遇外，人格是决定人的一生成功与否、快乐与否的关键因素。一个良好的人格对人的一生影响巨大。

教师是学生增长知识和思想进步的导师。教师的个人素质和人格魅力作为一种精神力量，将对学生产生巨大的影响。教育是一项直面生命和提高生命价值的事业，对于这样一种饱含人性光辉、唤醒心灵、开发潜能、滋润灵魂的事业来说，教师的教学创新人格是一种不可或缺和无法替代的教育因素、教育手段和教育力量。创新性人格和创新性思维是创新的两个重要因素。从某种意义上讲，创新性人才=创新性人格+创新性思维。所以，要培养和造就创新性人才，不仅要重视创造性思维的培养，而且要特别关注创新性人格的训练。心理学家将与创新性有关的人格特征称之为创新性人格。它是指个体所具有的对创新性发展和创新任务完成起促进或保证作用的个性特征。那么，作为教师应该具有怎样的教学创新人格?或者说，学生更希望教师具有哪些教学创新的人格特点呢?

人格具有个体差异性和行为一致性，前者使个体的行为表现出独特性;后者使个体行为在情境上和时间上保持一致。因此，人格是人的认知方式、情绪特征、意志品质、心理素质、态度倾向、道德品质等的综合表现，是“人的知识、能力、德行、意志、情感、作风等多因素的共生体”。那么，什么是教师的教学创新人格?概括来说，它是指教师在与环境相互作用的过程中所形成的一种独特的身心组织，是教师所具有的个性倾向性与经常地、稳定地表现出来的心理特征的总和，是教师群体共有的心理特征，是教师在教育活动中表现出的认知风格和行为风范，包括教师个人的道德品质、性格、气质、能力、学术水平等，这一独特的身心组织使教师在适应环境时，在需要、动机、兴趣、态度、价值观念、气质、能力倾向、外形及生理等诸方面，均有其不同于其他个体之处。

创新性人格特征 /

所谓的创新性人格，通常强调的是创新行为和过程中人格因素所起的作用，包括

个体的动机、兴趣、信仰、价值观、性格和气质等，反映了那些富有创新性的个体的精神面貌。随着研究的不断深入，人们越来越重视人格因素对创新性水平的影响。已有研究表明，不同领域，不同类型的创新人才在人格特征上既存在差异，但是也存在着一些共性。创新者的这些人格特征在其进行创新活动时有着巨大的推动作用。所以，培养创新性人才的一个很重要的目标就是促进创造性人格的形成和发展。所以，下边将着重介绍一些创新性的人格特征。

富有冒险探索精神

创新本身就是一种对未知世界、未知领域的探索性活动。那么，它就要求想要从事创新活动的人们，要具有敢于做第一个吃螃蟹的人的冒险精神。冒险精神的形成，除了遗传基因的作用外，更多则取决于后天的培养。

想要培养冒险探索精神：首先，我们要树立正确的观念，将那些所谓的“无法”、“无用”、“鲁莽”的行为区分开来。冒险并不等同于做一些莽撞的行为，而是经过深思熟虑的一种理性行为，敢于接受那些不同于平常的新观念、新知识。对未知的世界、未知的领域有一种用于探索的精神，不惧困难。其次，多建立一些可以冒险的“通道”，可以从很多平时看起来都很平常的东西身上发现其独特的地方，从多角度、多方面去思考工作中的问题。

有这样一则例子：19世纪80年代，在关于是否购买利马油田的问题上，洛克菲勒和同事们发生了严重的分歧，利马油田是当时新发现的油田，地处美国俄亥俄州西北与印第安纳东部交界的地带。那里的原油的含硫量很高，反应生成的硫化氢会发出一种鸡蛋坏掉后的难闻气味，所以人们都称之为“酸油”。没有炼油公司愿意买这种低质量的原油，除了洛克菲勒。当时，洛克菲勒在提出买下油田的建议时，几乎遭到了公司执行委员会所有委员的反对，其中也包括他最信任的几个得力助手。因为这种原油的质量实在是太差了，价格也是最低的，虽然油量很大，但谁也不知道该用什么方法进行提炼。但洛克菲勒坚信一定能找到除去高硫的办法。在大家互不相让的时候，洛克菲勒最后开始进行“威胁”，宣称将会个人冒险去“关心这一产品”，并不惜一切代价。委员会在洛克菲勒的强硬态度下被迫让步，最后标准石油公司以800万美元的低价买下了利马油田，这是公司第一次购买产油的油田。此后，洛克菲勒花了20万美元聘请一名犹太化学家，让他前往油田研究除硫问题，实验进行了两年，仍然没有成功。在此期间，许多委员对此事仍提出很多非议，但在洛克菲勒的坚持下，这项希望渺茫的工程没有被放弃。又过了几年，犹太化学家终于成功了，这真是一件天大的幸事。这一丰功伟绩，不仅说明了洛克菲勒具有长远眼光的远见卓识，也说明他具有比之同行人的更大的冒险精神。

在教育事业中，教师也应具有勇于探索的冒险精神，不能只拘泥于刻板的教材，或者是教学大纲。应该因材施教，积极寻找好的方法，适合学生的教学方法，勇于创新，甘于冒险。当然这里的冒险不是胡乱的修改大纲，而是根据基本的教学原则，和本着教学大纲的基本内容采取灵活多变的教学方式，乐于尝试新的教学方法与教学策略。这点在后边的章节会做具体论述。

善于坚持，积极的进取心

一名创新型的教师要具有强烈的革新意识、成就意识、开拓意识、竞争意识，同时也应具有追求卓越和成功的信心与坚持。很多时候创新性的成就都是产生于不懈的坚持之中的。我们知道，创新性的产品最重要的特点就是新颖，而我们一般的时候思维模式都是常规的思维模式，遇到瓶颈的时候才会想到要打破常规，另辟蹊径，所以这个时候坚持就起到了很大的作用。因为很多时候，我们都不是一下子就能找到一种适合的新方法，这是需要反复的进行尝试的，这个时候一颗善于坚持、积极的进取心就起到了关键的作用。

对于一种活动的坚持，有几个因素会起到重要的作用：第一，兴趣是最重要的，

如果把一件事当成是一种爱好和兴趣，就很容易坚持下来。所以，这里我们教师就要把教学活动当成是一种兴趣爱好，而不是一项工作任务。第二，态度也很重要，坚持不懈本身就是一种态度，在要做到坚持不懈之前，也要培养信心、勇气、企图心和上进心，这些态度之间是相辅相成的。第三，就是一种认同感，我们要对自己的职业有很强的认同感，才会去为之付出，为之坚持。第四，就是与周围环境的关系，生活中每个人都不是一个独立的个体，都或多或少受到环境的影响，受到群体组织的影响。所以，这里我们说建立一个优秀的创新团队是十分必要和有意义的。

这里有这样一个小故事：日本著名跨国公司“松下电器”的创始人松下幸之助，在自己的事业陷入困境的时候，正是由于自己的不懈坚持最终获得了事业的辉煌。他与妻子在家里的时候，常常会有这样的一个矛盾：妻子正在烫衣服的时候，他想读书，却无法开灯，因为那时家里的插头只有一个。为此他和妻子常常很困惑，也感到十分的麻烦，两人因为这个问题困扰了很久。其实这个问题在很多家庭中，都会有所困扰。但是，却很少有人坚持去想怎么解决。但是松下不一样，这个问题他思考了很久，有一天松下突然想到：只有一根电线是不行，那么为何不想个可以两用的插头呢?后来他开始着手认真地研究这个问题，不久，就想出了两用插头的构造。之后试用品问世后，很快就卖光了，订货的人越来越多，简直供不应求，松下的事业也从此走上轨道，利润大增。

坚持是一种习惯，是一种需要花费很长时间来完成的过程。很多成功的案例中，我们可以发现，取得高创造成就的人，往往都是数十年如一日的坚持着自己的工作，不管是多么枯燥、乏味，还是遇到多少次困难，都会坚持下来。所以，在教育教学中，教师也该做到要具有持续的创新精神，把创新作为一种思想，持之以恒地坚持到教育教学工作中。

难以抗拒的好奇心

高创新的人都是充满了好奇心的人。他们希望了解事物的规律、人们思考的方式、观念的来源等。他们努力去理解周围的世界，在任何时候都保持着儿童般的爱问“为什么”的习惯。他们对生活的态度可以描述成这样：每一个新景观和每一种新的声音都会带来某些必须加以研究的问题，每一个新想法都与其他想法有细微的差异，对此必须加以探究。强烈的好奇心是许多高创新个体解决复杂问题所必需的。一位获奖的理论数学家曾说过：一个人必须找出自己想要了解的问题，并希望了解事物的规律。他这么做的理由之一或许是为了得到人们的认可。但是如果一个人不想了解事物的规律，那么他就不可能会勤奋地工作以解决某个真正有意义的问题。一个人必须着迷于某个问题，而且他只是出于人生的目的才这样做的。

心理学认为：好奇心是个体遇到新奇事物或处在新的外界条件下所产生的注意、操作、提问的心理倾向。好奇心是个体学习的内在动机之一、个体寻求知识的动力是创新型人才的重要特征。好奇心是创造型人才的重要特征已是不争的事实。爱因斯坦认为他之所以取得成功，原因在于他具有狂热的好奇心。创新性的培养应该从小抓起，已经成为学者们的共识。人类最初的好奇心来自于婴儿的探究反射。观察发现，婴儿一旦发现新奇事物，就会用手触摸，用舌头品尝。到了幼儿期，好奇心更加强烈和明显，他们通过感官、动作、语言来表达自己对周围世界的好奇，这种好奇最初是情景性的，如果受到鼓励与强化，就会变成认知与情感的结合。我国教育家陈鹤琴指出“好奇心对于幼儿之发展，具有莫大作用，幼儿凡对于一切新的东西就产生出好奇心，一好奇就要与新东西相接近”。美国学者希克森特米哈伊在谈到创造性人才的因素——好奇心的重要性时，也明确提出，“通往创造性的第一步就是好奇心和兴趣的培养”。他认为，好奇心是需要保护的，也许所有的孩子都有好奇心，但好奇心能否保持到成年，在很大程度上依赖于早期生活受到的鼓励。幼儿好奇心很强，这也许与他们知识经验贫乏有关。在他们看来，周围环境中的许多事物都是新奇的，很多都出乎他们的预期，他们想要观察、探索、询问、操作或摆弄这些事物，这些都是好奇心的外

在行为表现。如果这些行为能得到更多的鼓励与支持，就会逐渐内化为幼儿的人格特征。相反，如果缺少环境的鼓励与支持，这些行为会逐渐消退，表现为对新奇事物的冷漠、回避等心理倾向，从而不利于创造性人格特征的形成。

但是，在我们许多教育工作者与家长心目中，学生（幼儿）的好奇心被当作一种令人厌恶的行为而遭到指责、约束、冷漠或讥笑。这与他们对学生好奇心的发展特点、重要价值以及如何诱发幼儿好奇心的模糊认识有关。另一方面，与教师在教学过程中存在的冲突有关：一是应然观念与实然观念的冲突。后者是教师在多年教学经验过程中获得的缄默性知识，具有强势作用。在教师的缄默性知识中，学生（幼儿）的好奇心应当以遵循教师的教学思路或设计为前提，一旦超越这个界限，幼儿好奇心将招致冷落与压制。二是教育的工具性与育人性的冲突。受应试教育的影响，教师是从事教育的工具，学生包括幼儿是工具下的奴隶，当幼儿的好奇心与教师要求一致时，好奇心就得到支持，相反就遭到训斥。因此，有必要引导教师如何梳理其缄默性知识中的盲点，觉察自己教育观念中的误区，引导教师自觉转变观念，扮演好学习的支持者的角色。

在这方面相关的事例有很多。著名科学家都可以说具有好奇心的。牛顿对一个苹果产生好奇，于是发现了万有引力；瓦特对烧水壶上冒出的蒸汽也是十分好奇，最后改良了蒸汽机；爱因斯坦从小比较孤僻，喜欢玩罗盘且有很强的好奇心；伽利略也是看吊灯摇晃而好奇发现了单摆；还有爱迪生小时候看母鸡孵鸡蛋自己也尝试孵了一天……在剑桥大学，维特根斯坦是大哲学家穆尔的学生，有一天，罗素问穆尔："谁是你最好的学生？"穆尔毫不犹豫地说："维特根斯坦。""为什么？""因为，在我的所有学生中，只有他一个人在听我的课时，老是露着迷茫的神色，老是有一大堆问题。"罗素也是个大哲学家，后来维特根斯坦的名气超过了他。有人问："罗素为什么落伍了？"维特根斯坦说："因为他没有问题了。"德国著名化学家李比希把氯气通入海水中提取碘之后，发现剩余的母液中沉积着一层红棕色的液体。他虽然感到奇怪，但并未放在心上，武断地认为这不过是碘的化合物，只在瓶上贴张标签了事。直到以后一位法国科学家证实是新元素溴，李比希才恍然大悟。他因此称这个瓶子为“失误瓶”，以告诫自己。

在教育过程中，教师的教学行为是学生好奇心发展的关键。教师应根据教育目的和学生成长需要精心设计学习环境，同时广泛利用各种资源，调动家长、学生积极参与学习环境的创设，组成学生学习共同体。首先，应创设具有新奇性、变化性与神经性的物质环境。这种新奇包括了学生少见的、由物质材料之间相互作用所产生的变化带来的新奇性。它容易引起学生情感与认知的倾向性。教师应及时观察学生行为变化，并及时提供支持性材料，以提高学生的好奇心水平。另外，也应创设积极的心理环境，提供积极的情感支持。心理氛围是一种情感活动状态，这种情绪状态在教育活动过程中主要有两种：好奇与焦虑。这两种情绪在性质与过程上是相反的，但它们相互作用，可以共同激发探索或回避行为。教学中应该创设积极的心理氛围，包括自由、民主、积极的情感互动，如教师热情洋溢的讲述、回答、鼓励性评价等言语行为和微笑、点头、凝视、倾听等非言语行为都会对学生的探索活动产生积极影响。学生可能会由此产生惊讶、兴趣、微笑、专注、适当的焦虑等情感呼应行为。在这样的情绪互动中，学生会体会到更多安全、宽容、接纳、信心与勇气，大脑皮层处于兴奋状态，更能产生好奇心与探索行为。

愿意体验丰富的经历

一般具有高创新精神的人，在好奇心的驱使下，都会去体验各种各样的丰富的经历，而通过体验这丰富多彩的经历，也会接纳各种经验，从而使自己能经常面对种种问题、疑问及观念。

愿意体验各种经历的一个方面就是接纳通过各种感官输入的复杂信息。打个比

方，当你漫步在一座美丽的花园里时，你可能会惊叹于花儿的美丽。这时你看到一位女士在花园的一角写生，你不想打扰她，于是静静地站在旁边。当这位女士停下笔休息的时候，她看到了你，说："这里的树林太美了！"你看到她的画纸上画的不是这座花园，而是花园周围的树林。就在此刻之前，你可能根本没有注意到这片树林，现在你从这位女士的角度来看，就会感到这片树林美得令人窒息，你未注意到的色调却成为了这位女士创作的灵感。愿意体验各种经历的另一个方面，是愿意尝试新颖的不同寻常的事，例如参观民族剪纸画展、欣赏一场古典音乐会或报名学习踢踏舞。愿意体验各种经历的第三个方面是对个体内心情感体验的开放。这种对内心情感体验的开放很有可能与情感的过度兴奋联系在一起，而后者被认为是高创新人的特征之一。如果儿童会为无家可归之人的不幸遭遇感到气愤，这往往表明他们可能愿意体验各种情感，即使有时候这些情感体验是令人不愉快的。当然，对各种体验的开放有时候会是令人困惑的，然而接纳各种体验本身就要求接纳困惑和无序。高创新的个体，特别是年轻人，都在某种程度上体验过这些困扰，如果教师能够偶尔地或不引人注意地给年轻人提出建议，引导他们掌握更多的知识，使学生们能够自己解决各种困扰，将对学生创新性的发展非常有利。当然这种非指导性的建议并不适用于每一位学生，但是它还是比较适用于那些具有创新潜力的学生。

教师要培养学生形成愿意体验各种经历的态度，首先需要培养自己形成愿意体验各种经历的态度，然后才能与学生分享。如果教师自己不能够体验奇妙的事物，那怎么可能向学生传达这种体验呢？如果老师自己都不能体会所教知识的魅力，那怎么能指望学生体会呢？教师自己要投入地去观察和倾听周围世界。如果老师能够向学生指出蛇身上花纹的奇妙之处，或者指出作家在描述事物时语言运用上的微妙变化，那么就能帮助学生学会自己去体验新事物。

乐于接受模糊思维

具有高创新的个体，一般在进行创新活动的时候，都是不急于确定最终答案的，不很快的给出肯定或者否定的答案，可以在很长的一段时间内容忍和接受一些模糊的思维，一些不成熟的观念，因为很多种可能的方案都会朝着不同的方向去发展，可能是好的方面，也可能是不好的方面。如果一个人不能容忍模糊，他就不可能愿意体验各种经历，因为生活中的新体验总是充满矛盾的、不确定的和令人迷惑的。创新的过程中本身也是要求能容忍模糊的，只有在极少数情况下具有创新性答案是一下子就全部跳出来或者被发现的，绝大多数情况下他们往往要经历一个困惑的阶段。要想顺利度过这个过程，高创新的个体在创新性探索过程中就必须要能够容忍模糊性。

能够容忍模糊的儿童和那些能够独立做判断的儿童或以恰当的方式处理新颖事物的儿童有许多的相似之处。他们都愿意坚持尝试和实验，即使他们不能确定自己是否正确。但是，事实上，在学校里老师们几乎不关心学生是否能够容忍模糊，更不用说去鼓励学生容忍模糊。一般情况下学校布置的作业总是有一个正确的或错误的答案，不可能有既不正确也不错误的答案。然而，也许只有在学校这个环境下才会如此清晰地划分正确与错误，而现实生活中的问题常常没有一个绝对正确的答案。

教师要帮助学生学会容忍模糊。首先，学校里布置的作业就不应该是只有一个正确的答案。要允许学生讨论，允许真正不同的观点。其次，如果讨论的任务或问题能够持续比较长的一段时间，这也可以帮助鼓励学生学会容忍模糊。当然，这段时间应该持续多久才算合适要随儿童的成长而变化。对于幼儿，持续几周之久的任务都显得太长，对于小学五年级的学生，他们则可能愿意在一学年中有两三次的机会重复讨论一个问题，而高中生可能愿意用一学期甚至一学年的时间来完成一项任务。在任务持续进行的过程中，教师不仅要教给学生知识，还要通过这些持续的活动强化这样一个观念，即人们的想法和观点是会改变的。

兴趣广泛

兴趣是最好的老师。许多具有高创新精神的个体都具有广泛的兴趣和爱好，特

别是对进行创新活动有着浓烈的兴趣。这一个特征，其实是和愿意体验各种经历这一特征有着密切的联系的。如果一个人对各种经验开放，那么很多事情都会变得有趣。对于学生来说，广泛的兴趣和爱好可能会促使他们从事各种创新活动，也可能使学生因为涉及面太广而无法应付。作为教师，重要的是支持和鼓励学生发展其创新兴趣，但也有必要建议学生不要在同一时间段内投入到其所有的兴趣活动中。

教师还要注意有些高创新的个体其实兴趣并不是很广泛，但却很集中，也很强烈。能够成为杰出的音乐家的人每天都要花很多时间来练习，即使在幼儿时期也是如此。一位获奖的数学家是这样描述他成年后的兴趣和爱好的："很多年以来，我除了数学之外什么也没干。据我所知，任何一位一流的数学家都是把所有的时间用来工作了，我们的世界变得非常小。"学生们可能不会把所有的时间都用来做数学习题，但要想成为杰出的学者就必须把时间用来阅读、做试验或制作模型。只要学生们乐于从事创新活动，老师们就不必过于关心学生的兴趣爱好是不是很广泛，或者生活质量是不是很好。每一个高创新的个体都是与众不同的，如果想把某一种模式不加变化地套用在每个人身上，那么这种做法将注定会失败。

渴望创新

高创新个体都渴望创新。他们重视新观念，愿意产生新的更好的观念，而不愿意重复已有的观念。画家凡·高说过他对同一个对象重复地画多次，直到画出一幅不同于其他的、不普通的作品。不过，喜欢创新的儿童在学校里的经历可能是不快乐的。举个例子，在小学美术课上，学生们根据模型雕出不同的物体，比方说苹果、鲜花等，并用这些材料制作一个花环，有些学生因为在果篮里粘贴的苹果数目超过了老师规定的数目而受到惩罚。在这种情况下我们很难想象学生们还会创作出不同于规定样式的新产品。教师们只有自己重视创新，才能帮助学生学会重视创新。在课堂活动上教师应加上一句话："尽量使你的作品与其他人的都不一样。""试一试能不能想出一个其他人想不到的主意。”教师除了在课堂活动中向学生们指出他们的作品中包含的创新观念，教师还可以告诉学生们他自己在解决学校或家庭中发生的问题时运用的新颖方案、在报纸上看到的奇特的问题解决方法、甚至是不寻常事件的报道。这些都可以引发学生讨论新颖的和不寻常的观念的重要性。

直觉思维

直觉思维的定义很多，如贝弗里奇将直觉思维定义为：对情况的一种突如其来的领悟或理解。我国学者一般将直觉思维定义为：主体不受某种固定的逻辑规则约束而对客观事物作出极其迅速的综合判断和对其本质进行直接领悟与理解的思维方式。它有时还伴随着被称为灵感的特殊的心理体验和心理过程。虽然人们对直觉思维的定义有很多表述，但对于其所具有的基本特征却无异议，人们普遍认为直觉思维具有直接性与突发性、认识成果的突破性、思维的非线性与整体性、或然性、思维主体具有坚信感等特征。一般来说直觉思维有三个特点：第一，直觉思维是以一定的经验或知识储备为基础的思维方式；第二，直觉思维是一种普遍的心理现象，是人类的一种基本思维方式；第三，直觉思维的产生和作用离不开理性思维。

直觉思维是创新性思维的两种思维形式之一，以直觉、灵感等为主。在这种思维下，创新思维主体主要运用直觉、灵感、想象等手段来触发新思想、新意象。在创新思维活动中，人们可以用以逻辑思维为主的思维方式去实现创新的目的。但是，当实证主义的理性思维不能适应时代或科学发展的需要时，以直觉思维为主的非逻辑思维形式将以其无可替代的作用去开辟科学发展的新天地。20世纪，相对论、量子力学两大物理学革命成果的获得历程表明：经验科学时代盛行的理性主义的思维模式已不能包罗性地适应科技创造的需要，作为创造性思维形式之一的非逻辑思维形式已呈呼之欲出的态势。从知识创新活动的具体过程来看，直觉思维在创新活动进程的质变阶段起着至关重要的作用。直觉思维与理性思维同时贯穿于知识创新活动的整个过程，但在不同的阶段

表现为不同的作用。当科学研究处于量的积累阶段，直觉思维存在于理性思维不易觉察的潜意识之中，并实行非线性、非逻辑的组合时，它会在潜意识中协助意识主体的认知活动，给主体提供一种内驱力，使主体一旦受到有关信息的触发即显现为灵感、顿悟、直觉等跳越形式。直觉思维重要的作用是在科学研究的量的积累达到一定的程度而进入质变阶段时，直觉会以其不受任何固定思维模式限制和敢于冲破旧范式约束的特性，通过意象思维、形象思维去直接(同是也是模糊、生动的)把握事物的本质和规律。

许多高创新的人往往凭直觉行事，他们更倾向于直觉感知(间接地感知到更深层次的意义及隐含的各种可能性)，而不是感官感知(通过各种感官意识到事物的存在)。普通人群中只有少部分人更倾向于直觉感知，而绝大部分高创新的作家、数学家、科学家，以及所有的建筑师更倾向于直觉感知。在人们的传统印象中画家和作家多半凭直觉行事，而科学家则坚持追求确凿的事实，但与此相反的是，无论在什么领域，直觉都和创新有关。

对儿童或成年人而言，直觉上的理解不需要外在地表现出来。换句话说，人们知道某个观念，但无法解释是怎样知道的。艺术家对深层次的情感震撼及其敏感，但其本人并不总是能意识到这一点，这种敏感性使艺术家及其他人能够通过作品预见到某些方面的变革。

直觉和创造过程“表现了人类智慧的最高水平”，教师在发展学生的直觉思维能力方面最重要的是尊重直觉思维，即使要求学生在运用数学方法解答问题时必须写出每一个步骤，但是老师也应当承认有时候学生可能就是凭直觉获得了答案，然后根据答案来反推数学方法写出解题的每一步骤。老师要让学生说出那些并不总是能解释得清楚的观念和感觉，这样才会鼓励学生的直觉思维。老师还可以给学生布置有挑战性的任务，如根据某段音乐带给学生的感觉写一个故事，要求这个故事能再给学生带来同样的感觉。这种任务使学生的情感得以表现，而不要求学生从逻辑意义上分析其内在的联系。

人们可能会注意到高创造个体的某些人格特征似乎是相互矛盾的，例如既灵活又讲求逻辑、既愿意奉献又对任务有承诺、既避免一成不变又力求从无序中寻求秩序，这种两分法所体现的复杂人格正是创造性的标志。西克森特米哈伊与近百位杰出的创造者进行访谈后归纳出了10个维度，高创造性个体似乎能同时在每个维度连续体的两极上得到发展，这10个维度分别是：1.既精力充沛又常常显得安静和放松，他们可以集中精力连续工作很长时间，同时也重视休息、沉思和娱乐；2.很精明能干但又天真质朴，能够以新眼光看待周围世界；3.既爱嬉戏又讲原则；4.能够在想象与幻想之间转换，并能在这种转换过程中体验到深刻的真实感，正是这种平衡能力使他们的反应既新颖又适当；5.似乎能够根据需要而表现得既内向又外向；6.对其成就表现得既谦虚又骄傲；7.人们关于性别的刻板印象似乎极少能影响到高创造性个体，他们能够同时表现出人格中的男性特征和女性特征；8.一般被认为是叛逆的和独立的，但一个人如果不能把已有的知识内化为自己的知识，那么他就不可能成为杰出的创造性人才，因此高创造性个体既是遵从传统的又是反叛传统的；9.对工作抱有极大的热情，但同时在判断成果时能保持客观性；10.由于愿意体验各种经历，因此在参加与创造活动有关的事情上既会体验到痛苦，也会体验到快乐。很显然，根据上述维度，对高创造性个体的性格特征所作的任何狭隘的、刻板的或简单化的概括都不符合其复杂的性格。

创新性人格的培养 ／

创新人格的发展受很多因素影响，对这些的研究有助于更深入地揭示创新人格的发展规律，促进创新人格的形成和培养。在影响创新人格的发展诸多要素中，家庭教育和学校教育两个因素对创新人格的发展影响较大。

家庭是个体成长的摇篮，他在创新性人格的发展中起到很大的作用。比如早期教

育，家庭教育方式，父母行为方式等等。但是对于教师的创新性人格培养，我们主要是从环境因素来探讨，不去从家庭因素来探讨。因为教师的个性发展，主要还是在学校这个大环境中发生的。

首先，在教育思想上要有坚持不懈的创新意识。教师的教育思想会直接影响到教育教学活动。所以，要在进行教学工作的同时，时刻保持着创新意识。同时有一些基础的教育思想也是可以借鉴的：一是树立以学生为主体的教育观，处理好师生关系，实现民主平等的师生关系；二是树立以能力为中心的教育观，处理好知识与能力的关系，实现传授知识的教学观向培养学生学会学习的教学观的转变；三要重视活动教学，处理好传统的课堂教学与活动教学的关系；四是实现封闭办学到开放办学的转变，树立大教育和终身教育的观念。

其次，在教学方法上也要力求多进行创新尝试。仔细思考已有教学方法的弊端，多进行改进，同时时常反思，寻求一些新的方法。会影响学生的创新性发展的教学方法，典型的就是以课本为中心的填鸭式教学，教师的主导作用脱离了学生主体性的调动。这种教学方法会使学生产生厌倦的心理，损害学习兴趣，使学生失去自主学习的机会，更谈不上发展创新人格了。可以采用一些利于学生思考的教学方法，比如说启发式教学，问题教学法，活动教学法，情境教学法，综合教学法等有利于学生创新性人格发展的教学方法。同时，也可以利用一些现代化的技术手段，引进多媒体设备和网络信息，来丰富教学资源。从多方面，多角度去激发学生的学习兴趣和创新性。

再次，可以在课程结构上进行一定的创新设计。我国传统的课程内容比较统一，内容一般来说比较陈旧、不完整，这种课程内容是不利于学生的创新性发展的。必须建立使学生认识和把握未来发展的知识体系和活动体系；课程建设要立足培养学生的创新性，立足于学生的发展，体现主体性，发展丰富的个性；课程要适应不同年龄学生的水平和需要，具有针对性，建立适合学生个性差异和潜能差异的必选和自选相结合的体系；课程要具有时代特点，能及时反映人类最新的文明成果；课程应该为学生提供思考、探索、发现创新的最大空间，具有开放性、综合性和选择性；课程还需贯彻理论联系实际的原则，突出实践性，便于学生的操作和活动，培养实践能力等。

最后，教师要培养自己的创新人格。还要注意学校环境的影响，环境是一种无言的教育，环境具有潜在的影响和熏陶作用，通过创造良好的环境可以培养自我的创新性人格。同时，加入一个良好的团队，具有活力和创新性的团队也是可以促进自己创新能力的提高，有研究表明，良好的同伴关系会有助于创新性的发展。他们认为一个得到同伴支持的人，会产生积极的情绪体验，这种情绪状态能促进积极的思维和创造，有助于创造性的发展，而且良好的同伴关系还会影响创新性方法和技巧的学习，这也能促进个人创新性的发展。

/ 教师教育技术的创新培养 /

教育技术学科领域的形成与发展是现代教育科学发展的重要成果。现代科学技术和现代教育的不断发展，赋予了教育技术这一概念充实的内涵和无限的生命力。现代教育技术的应用，不仅引发教育方式和教学过程的深刻变化，而且改变了教师分析和处理教育、教学问题的思路。教育技术以其特有的魅力，不仅在教育学科中渐渐赢得了相应的学术地位，而且在教育实践范围内，教育技术已经成为促进教育教学变革的催化剂。

教育技术的名称确定以后，人们便开始探讨它的定义。1970年，美国政府的一个专业咨询机构教育技术委员会在给总编和议会的一份报告中指出："教育技术是按照具体的目标，根据对人类学习和传播的研究，以及利用人力和非人力资源的结合，从而促使教学更有效的一种系统的设计、实施、评价学与教的整个过程的方法。"

教育技术不是一般的某种教学方法的应用，它包含了三种概念（学习者为中心、依靠资

源、运用系统方法）综合应用于教育、教学的理论与实践。教育技术重视分析、研究学习者的特点（诸如行为水平、能力、知识基础、年龄特征等），因为学习者的情况对于选择目标、确定步调、确定评价性质等许多教育决策都产生直接影响。在教育技术中，解决问题的表现形式是依靠开发使用学习资源与促进个别化学习来提高人的学习质量。学习资源包括信息、人员、材料（教学媒体软件）、设备（硬件）、技巧和环境，是一个复杂的系统。要使它们在学习中产生整体功能、发挥优良作用，就必须通过进行系统的设计实现优化组合。因此涉及到进行一系列的教育开发工作，进行有效的教学资源开发和有效的教学过程设计。

教育技术能力与创新人才培养的关系 ／

教育技术是优化教学效果的理论与方法，是改变传统教学的技术手段、提升教学质量的必要途径。只有认清、处理好教育技术能力与创新人才培养之间的关系，教师才能去发展自身，在教育技术上进行各种创新。

创新教育与现代教育技术的契合点是创新教育所需要的适合创新产生的情景和激发力量，如形式多样的信息环境，民主和谐的师生关系，适合个性特征的教学方式等；而基于信息技术的现代教育技术恰好具备了这些要求。另外，这两者理论上都是一种现代化的教学思想，实践上都是注重对学生能力的培养。

利用教育技术能力创新教育理念，培养创新人才。传统的教学理念认为，教师是课程的实施者，是知识的传播者，在课堂上，教师是主体，向学生传授知识，学生是接受者，他们的任务就是将教师传授的知识记牢、弄懂就好。这种教育理念导致“应声虫”式学生的出现，他们没有自己的思考过程，将教师视为权威。

将教育技术引入课程，与新课程改革理念配合，具有教育技术能力的教师能够提供辅助教学系统，应用其灵活的安排教学内容、选择教学方法、设计教学环境、开发教学资源。这种完全不同于以往的教学方式，需要教师和学生同时去适应。这样，他们就有一个同时学习、进步的过程。这样可以树立创新的人才观、学生观、教师观。即在新的教学理念中，学生是学习的主体，教师的作用是教学的引导者，而不是权威。学生与教师可以交流、探讨，共同学习。利用教育技术扩大课堂，开阔教师和学生的视野，将他们的注意力从学校的小课堂引到社会的大课堂，让他们了解知识型、应用型人才才是社会需要的，才是应该培养的。

利用教育技术能力增加实践机会，培养创新人才。教师将教育技术引入课堂后，向学生提供参与的机会。教师的教育技术能力可以提供辅助学习系统供学生使用，不再是单纯的讲授模式。教育技术的应用环境多是在多媒体教室中，改变了传统的教学环境，使学生如身临其境，能更直观、更现实地学习知识。教育技术的动手操作技能，鼓励学生不要只是学习书本知识，要走出去，参加实践。

学生可以参加的包括实际实验，社会调查研究，跟随教师做课题研究等，多了这些实践环节，才能使学生不仅能学习书本知识，还可以在实践中验证理论，锻炼动手能力，在参与和实践的过程中成长。很多时候我们把创新型人才也称为应用型人才，就是因为他们能不仅要有丰富的知识，还要具有创新的能力，这种能力的锻炼是从实践中不断积累起来的。

创新人才培养是我国新时代人才培养的重中之重，是科技时代发展的需要。创新型人才是推动我国的教育现代化发展、建设和谐社会的关键。运用现代教育技术手段，着力培养创新人才，是教育领域工作的重点。理清教育技术能力与创新人才培养的关系是上述工作的前提，只有正确处理好二者之间的关系，才能让教育技术在未来的教育中彰显魅力。

教师的教育技术创新 /

观念层面的现代化是实现我国教育观现代化的关键和核心。如果不更新观念，只

能是穿新鞋走老路，信息技术的应用不仅不会提高教育教学效率，而且还会造成巨大的资源浪费。技术本身是中性的，技术本身和教育优化没有什么必然的联系，关键是使用技术的人持什么样的观念。在不同的观念和理论指导下，以不同的方式、方法运用技术，既可以培养出能够满足工业化社会需求的知识型和知识应用型人才，也可以造就一代又一代的信息时代所需要的高素质的创新型人才。所以，教师的创新性培养任务，我们可从以下五个创新观念的培养说起。

创新课程价值观

确立体现时代精神的新的课程价值观是新课程改革的根本任务。新课程的基本价值取向是为了每一个学生的发展。因此，基础教育课程体系必然走出目标单一、过程僵化、方式机械的“培养模式”，让每一个学生的个性获得充分发展，培养出丰富多彩的人格。把知识与技能、过程与方法、情感态度与价值观三者真正统一起来，把课程本身的引人入胜之处，课程的个性发展价值视为根本，让每一个个性充分发展的人去健康地接受社会的选拔和挑战，这种既适应素质教育的内在要求，又体现时代精神的新的课程价值观在新课程的功能与目标集中展现出来。利用现代教育技术这一平台，全方位、立体化开发新的课程体系和课程内容，延伸和拓展知识的广度和深度，将最大限度体现课程价值。尤其是在地方课程与校本课程的开发方面，如果按照老思路，开发文本教材，不但大大增加教师和学生的负担，课程内容的呈现方式也会单一枯燥。充分利用网络媒体，建立专题学习网站、研究性学习网络平台，开发具有本土化特色的课程资源，让课程不断动态、良性发展。同时可以改变知识的单向传播过程，让学生积极参与课程建设，形成互动，真正实现课程价值与学生个性发展的统一。

同时，学生的每一个个体也是课程的建构者，他们的人格品质、主动精神、知识结构、学习思维和方法、合作能力与质量、发表的意见和观点、提出的问题和争论甚至错误，都是课程资源。关注学生的日常生活，充分利用通讯软件如电子邮件、微博等来倾听、发现、研究学生，把学生的问题与困惑作为课程资源进人教师的视野，课程实施由控制课堂的预设过程变成师生共同建设的过程。

创新人才培养观

现代教育技术极大的推动着教育内容的现代化，带来了教育模式、手段、方法的多样性，使教师提供更多的信息，学生学到更广的知识。拥有了现代信息技术的教育不再只具备传统教育的功能，多媒体教学可以不受时间、空间、内容、师资等限制，满足学生多样化的需求。与传统教育相比，信息社会的现代教育培养目标正在不断延伸，当代教育旨在培养一种“全面发展的人”，从纵向上来说，这种人能够在人成长的全过程中不断提高自身水平，接受教育，迎接挑战；从横向上来说，这种人能在广阔的学习领域内游刃有余，全面掌握知识和技能。在现代教育技术条件下，学生由被动学习向自主学习变化。网上学习的超文本形式，使学生的学习变直线型为非线型，变接受型为探究型。教育技术的进一步创新，对传统教育内容产生巨大的冲击。首先，信息化社会依赖于以知识为基础的产业，要求教育培养的人才具有较强的信息获取、信息分析和信息加工的能力。其次，网络技术的应用，使信息资源共享，人与人之间的交流更广泛，任何单枪匹马，关起门来搞学问的方式都不适合当今社会的发展，它需要人与人之间的和谐共处，协作共事。这就要求学生学会尊重多元文化，具备平等的价值观。

创新教学组织观

现代教育技术环境下的教育要求教师更新观念，从以教师为中心向以学习者为中心转变，从封闭教育向开放教育转变。然而，囿于传统教育观念和教学模式的巨大惯性，对大多数在应试教育环境下成长起来的教师而言，要从传统教学模式中“突围”出来，完成向“导学”角色的转换，是十分艰难的。但是，作为从事现代教育的一线

教师，必须清醒意识到现代教师的职责，积极自觉地进行“角色”的转变，树立“以学生为中心”的教育观念，自觉地调整教师与学习者的关系，努力成为学习者的组织者、指导者、引路人，完成从知识的讲授者向学习的组织者、指导者和管理者的转变，以适应现代学习化社会的需要。

目前，以多媒体和国际互联网为代表的信息技术，正以惊人的速度改变着人们的生存方式和学习方式。传统教学中，国家统一编写教材规范，教师以学生的知识传授，形成了“教参——教材——学生”这一固有的程序和模式。在现代教育技术与学科教学整合过程中，教师可以成为课程开发和教学研究的主体，运用现代化手段为学生创设学习情境，开拓多媒体教学空间，具备研究者的角色。教师参与到设计和开发课程的活动中，完全可以根据各种教学数据，并结合自己的教学个性，对各种教学素材或课程元素进行科学的、独到的设计与组织，与学生一起开发和利用有利于培养创新精神的有价值的校内外的教育资源，从而实现知识、意义、思想、价值与情感相结合的教学，使教学在先进技术的支持下，真正成为一门艺术，为学生提供良好的创新的环境。

教师还必须研究学生学习的特点、规律，现有课堂教学模式改革等问题。例如，在大量信息面前，有的学生出现了求新、求快、求刺激而不求甚解的倾向，就应研究怎么样才能使学生加深理解，以及提高学生处理信息的能力。同时，还要进行教学实验，研究创设不同的学习情境会对学生学习产生怎么样的影响；研究如何利用新技术提高学生高层次思维、解决问题的能力；对网络提供的教学材料进行研究和评价，并加以改善；发现不同课程教学中的重点、难点以及学生学习某门课程经常会出现的疑点和难点，为设计制作多媒体教材提供资料和数据，顺应社会各方面发生的显著变化，及时灵活地改变课程计划和内容，完全改变旧的教学体系中一套教材几代人用的现状。

创新教学评价观

随着信息时代知识的无限丰富和急剧增长，基础教育课程功能转变为注重培养学生的学习态度、创新意识和实践能力以及健康的良心品质等多方面的综合发展。于是，配合课程功能的转变，评价功能也发生了根本性的转变，不只是检查学生知识、技能的掌握情况，更关注学生掌握知识、技能的过程与方法，以及与之相伴随的情感态度和价值观的形成。新课程改革倡导“立足过程，促进发展”的课程评价，这不仅仅是评价体系的改革，更重要的是评价理念、评价方法与手段以及评价实施过程的转变。新课程强调建立促进学生全面发展、教师不断提高和课程不断发展的评价体系，在综合评价的基础上，更关注个体的进步和多方面的发展潜能。新课程倡导成长记录袋，学习日记，情景测验等质性的评价方法，强调建立多元主体共同参与的评价制度，重视评价的激励与改进功能。传统评价手段和方式重视学生知识的考核，一般通过考试、测验实现。运用现代教育技术，针对传统评价只重视甄别与选拔功能的缺陷，发展信息化的评价工具和评价软件，实现评价的综合化、多元化、全面化。综合素质评价、学籍管理、成绩管理、德育档案等以前用手工方式方法做的事情，通过信息技术手段，不但可以方便、快捷、高效实现，而且通过网络可以实现特定区域范围内的集中管理、共享使用。对于学生的成长记录、作业作品等也可以图片、视频方式做成电子档案，方便保存、调阅。

创新媒体应用观

在应用多媒体充分调动学生各种感官的功能，激发学生学习的热情和强烈的求知欲望的同时，多媒体教学的格式化、定义化、程序化的特点，使整个课堂只能按照教师事先设计的程序和课件按部就班地进行，学生只能被动接受，如果把握不好，这种教学状况将会演变成新的“填鸭式教学”。如何看待和把握教育技术在教育教学过

程中的价值取向，有“媒体决定论”，也有“媒体否定论”。前者认为先进的教育技术手段可以代替教师和学校的认识，后者则认为教育的一切活动都是围绕人这个中心进行的，教育的实质就是“人教人”。对现代教育媒体持盲目崇拜或完全排斥的认识，反映在现代教育媒体应用上也同样存在着两种偏颇的倾向，即过分地夸大现代教育技术的作用或不重视现代教育技术的应用。针对以上问题，一定要树立正确的现代教育技术价值观，科学、客观地评价现代教育技术的作用和价值。一方面要看到现代教育技术的独特优势和潜在价值，不断引入新的教育技术成果，促进教育现代化的发展。另一方面也要认识到现代教育技术不是万能的，他们对教育的变革和影响不能单独产生决定性的作用，必须与其他因素相互协调才能产生作用，如人的因素、体制的因素、内容的因素等等。只有正确把握现代教育技术与教育系统中其他要素之间的关系，科学、合理地运用现代教育媒体，才能更有效地发挥现代教育技术的作用。同时，在教育教学过程中，要彻底摒弃现代教育技术就是使用媒体呈现教学内容的单纯的、狭窄的教育技术观念，用系统的方法来整体地考虑教学目标、教学内容、师生、媒体、方法、结构和环境之间的关系，追求和提高教育教学过程展开的整体效益与最佳效果。

/教师教育思维的创新培养/

所谓教育思维，从内容上看，是教育观及其支配下的教育操作思路的统一体。当我们进行教育思想创造时，心中有一个明晰的认识坐标。这就是教育思维研究的意义。教育思维揭示了教育思想的结构性内涵，认为：1.教育思想不是与教育无关的认识；2.教育思想不是教育实践的机械反映；3.教育思想不是感性认识；4.教育思想不是对教育实践及其问题的单个的认识和看法。我们顺此思路可以推出教育思想的基本特征如下：其一，教育思想是对教育的认识。这是最起码的标准，如果一种思想所表达的内容与教育没有干系，它再美妙也不是教育思想。其二，教育思想是对教育实践能动的反映。能动的，意味着人对教育实践的反映是有意识的、有目的的反映，而非心理系统在环境刺激下的被动运转。具体地讲，"教育思想作为对教育实践的一种认识，既可以是对过去教育实践的一种总结，又可以是对现实教育实践的一种评判，也可以是对未来教育实践的一种理想。"其三，教育思想是理性认识。也就是说，能被称为教育思想的认识，一方面必然是人们对教育实践抽象思维的结果，另一方面必然是有益于人们在教育实践领域意图实现的。其四，教育思想是系统的认识。系统特征，应是区别一般看法和思想的重要标准。凡与教育有关的人，都会有些自己的看法，但偶然的、被动的、零碎的看法是算不得教育思想的。教育思想的内容成分和教育思维的成分基本是一致的，教育思维的发生和存在是人的意识在教育认识领域中的反映。创新是现代社会的一个永恒主题，与之相适应，教育也要不断创新。教育创新，最主要的就是教育思维的创新。离开教育思维，只是从制度形式、文字材料上变革教育，只能触及教育文化的表层或中层，很难解决教育过程的种种实质性问题。教育思维的创新是关系到教育创新整体灵魂的核心问题。

教师的教育思维的创新 ／

生产力与科学技术的重大突破、生产关系的变动、社会制度的更替、重大的政治事件以及社会的风俗习惯、文化传统等，都是教育思维创新的依据。这些都是无可辩驳的事实。但是，长期以来，人们在研究和探讨教育思维创新问题时，只是片面地、孤立地考察它发生的内因和外因、根据和条件。认为只有这样，才能具体地、历史地把握教育思维变动、更新、发展的趋向，因而忽视了一个最重要、最基础的因素——人们的思维模式对教育思维形成和创新的影响作用。思维模式是贯穿整个教育思维创新过程的起着主导作用的因素。如果把教育的主客体之间的对立统一及其同教育环境条件的相互作用，看做是教育思维创新的动因；把人们教育实践的发展及其新的教育经

验和理论的累积，看做是教育思维创新的基础，那么，教育思维模式就是实现由“基础动因”到“思维创新”全部过程的一个信息处理的“加工厂”。所谓思维方式，是指人们在思维过程中把握世界整体联系的定格，特别是对世界的统一性与多样性的看法。所谓思维模式是主体用以反映客体的样式，是定型化的思维方法。它表现为一种存在于人们头脑中的思维框架。人们就是用这种框架来认识各种教育思维，实现教育思维创新的。

在教育实践认识过程中，由于人们经常运用某种思维模式，就会把这种思维模式内化为一种教育认识的单元而贮存于大脑中，构成人们心理结构中的一个有机子集。当教育中某种强制力量的反复要求，人们教育实践行为和思维的重复活动，后者人们心理活动中的习惯、情感、意志的强化作用，往往使这种思维方式或者思维途径从变动、易变走向稳定、定型，成为一种相对稳定的教育思维模式，即内化成组织化、定型化的教育思维结构和习惯性的教育思维模式具有以下三个特点：第一，标准性，教育思维模式在教育认识活动中表现为一种组织化、定性化的思维框架，提供了某种标准，使教育活动呈现为一定规律性。第二，独立性，教育思维模式虽然产生于特定历史阶段的教育实践和认识中，但它往往独立于教育实践和认识，事先就大致规定着教育实践认识的信息加工方式和方向。当然，这种独立性是相对的，而不是绝对的。它必然随着教育主客体相互作用而不断地建构、修构和解构。这就为教育思维创新提供了可能性和主观依据。第三，潜在性，由于教育思维模式中某些部分是通过无意识活动形成的，并内化为一种定型的潜在心理状态。因此，它本身的存在和作用往往不被人们注意。也就是教育思维模式不是有形的实物模子，而是一种无形的框架在悄悄地潜移默化地影响我们的教育认识活动。以上可以看出，教育思维模式的标准性、独立性与潜在性在与教育信息材料的关系上，依次有着对教育信息进行组合、赋值的作用。由此相应的教育思维模式也就有组合、赋值、解释、导向的功能。所以，在一定程度上，可以说，有什么样的教育思维模式，就有什么样的教育理念。教育思维的创新，首先必须是教育思维模式的变革。

思维模式是通过什么方式和途径对教育思维的形成起着选择、组织、解释、导向信息等作用的呢？要弄清这个问题，我们必须从分析教育价值观开始。思维模式是经过综合的观念积淀而成的思维框架。在思维框架中，必然有一个居于支配地位，起着主导作用的观念，那就是价值观。比如，传统教育思维模式起着主导的就是“知识万能”的教育价值观。价值是指客体的存在、作用以及它们的变化对一定主体及其发展的某种适合、接近或一致、即客体本身必须有满足主体需要的有用性。教育价值就是教育的本质性对人的全面发展的有用性。教育价值观就是教育价值。

教师的创新思维的作用 ／

有利于对所传授知识的再创新

在现代教育中，教师不再是传统的“教书匠”角色，不再是一部百科全书或是一个供学生利用的资料库。尽管教师传授的知识经验本身是人类已有的，是千百年积累下来的，但传授的过程并不是固定不变的，它是一个“活”的过程，教师在传授知识的过程中，要刻意求新，要把凝固的文化激活，通过知识的传授，创新文化，激活文化的活力。而且知识只有经过教师的创造性加工，才更有利于被学生接受和再造。

有利于促进学生的创新性思维的发展

思维有了创新性，则会从不同的角度提出问题，启发学生思维，激励学生产生创新的意念，才会对学生发挥出来的创新性感到由衷的喜悦并加以高度赞扬，才会艺术地运用点拨，激励学生以独立的角色、建设性的态度对老师质疑、评论乃至争辩，才能在教学过程中自觉地发现学生的潜力，捕捉学生创新性思维的闪光点，多角度多层

次培养学生的创新精神和创新能力。

有利于创新教育教学的艺术

教师劳动本就具有的极大的创新可能性，教师的劳动对象是具有主观能动性的活生生的人，他们的发展既有共性的一面，又千差万别，有不同的个性特征。但中国的教育由于受统一的模式、统一的教学大纲、统一的学制、统一的课程安排、统一的学习评定的约束，窒息了学生个性的发展，淹没了学生的主动性和创新性。而思维具有创新性的教师决不会因循守旧，总是乐于创新，力求使自己成为一个发现者、研究者、探索者，在学生的教育中具有一种生动活泼的、高度灵活的创新性。

有利于形成平等的师生关系

具有创新性思维的老师，把学生看成是未来的有前途的人才，对所有的学生都一视同仁，给学生以充分发表意见的机会和自由，给学生提供充分展开想象、联想的时间和空间。能与学生打成一片，把学生看做是一同解决问题的朋友，并不断鼓励学生超越自己。因而具创新性思维的老师与学生建立起的新型的、民主的、平等的师生关系。

教师培养自己的创新性思维应注意的问题 /

改变传统的思维方式

人对外界的信息并不是全盘接受的。外界信息反映于人脑形成认识的过程，有个“同化”过程。而在这个同化过程中，如果新的信息与自己严守的旧观念不能相容，人脑往往习惯于选择原有意识内容一致或相似的对象进行反映，习惯于接受为自己所认同或自己感兴趣的事物和观点的特性，并且在反映过程中总是按原有的思维框架组织反映，具有强烈的认同性。这样就会影响思维创新性的发展。一个人在思维过程中，之所以敢于怀疑、敢于提出问题，在于他的趋向是打破固有的思维模式，改变原有的观念，使思维和认识经常处于“待变”状态，以在条件具备时改变思维方向，从既有的思维模式和观念中超脱出来。

树立正确的创新性思维观

首先，教师应打破对创新性思维的神秘感。创新性思维并不神秘，它是人类思维的一个特点，是人类思维的一种表现形式，人人具有创新性，每个人都可以发挥自己的创新性，进行创新性活动。其次，科学的认识和把握创新性思维的过程。创新性思维过程是极其复杂的，不同的创新性活动中，因任务、目的的不同，创新性思维的过程也呈现出差异。认识和把握创新性思维的基本过程，有助于教师澄清认识，理顺思路，积极采取措施，为创新性思维的培养奠定基础。最后，要掌握一些基本的思维方法。不同的思维方法对于思维能力的发展有不同的作用，因此，教师掌握不同的思维方法可以促进思维能力的提高。

建立积极的心理状态

首先，教师要有好奇心。好奇心是人们对新奇事物进行探究的一种心理倾向，是推动人们积极地去观察世界，展开创新性思维的内部动因。有了好奇心，教师才会更加热爱生活，兴趣才会更加广泛，能够积极探索，深入思考，使问题得以解决。其次，教师要有热烈的情感。情感是人对事物的一种态度体验，只有积极的情感才能产生积极的体验。教师如果对工作有了热情，就会增加其工作的主动性，引发其探究的欲望，焕发创新精神。最后，要养成创新生活的习惯。习惯是经过多次重复而形成固定下来的行为方式，它是驱使自己去完成自动化的倾向。一旦养成创新的生活习惯，思维的创新力就会处于积极的活跃的状态中，就会激出智慧的火花，遇到问题就会迅速地作出判断，并寻找到解决问题的最佳途径。

树立科研意识，培养科研能力

创新教育观念着眼于学生主体的构建和培养，让学生掌握学习的主动权，成为自身发展的主人，能够自主地、能动地、创造地进行认识和实践活动。这就要求教师不能单纯地咀嚼教材和教参，要不断地进行学术探讨，掌握学科的前沿信息，把新的科研成果提供给学生。因此，具有较高的科研能力是思维创新性的不竭的源泉和活力所在。另一方面，只有提高了教育科研能力，才能把丰富的教学经验上升到理论高度，再用于指导实践，从而使自己的创新性思维能力更放开、更具有发展前途。

/ 教师教育教学创新性的培养

所谓教育创新是指主体（人）为了一定的目的，遵循教育发展的规律，对教育的整体或其中的某个部分或某些部分进行变革，从而使教育得以更新与发展的活动。

教育创新的目的在于建立适应社会主义市场经济体制要求和21世纪变革要求的，以素质教育为本质特征和主旋律的各级各类教育衔接贯通的社会主义新型教育体系。这个目的贯穿于教育创新的始终。当前，教育面临两个严峻的挑战：一是日益建立起来的社会主义市场经济体制，要求教育从体制到目标、内容、方式方法都要有新的改革与之相适应；二是新世纪的变革，要求教育要适应世界教育变革的新潮。要应答好这两种挑战，教育就必须创新。教育创新的目的还在于建立起素质教育的新体系，只有这样，才能适应上述的两个挑战。

教育创新要遵循教育的规律。教育是社会系统中的独立的事物，有其自身发生和发展的历史过程。在这个过程中，有制约其运行演变的规律。教育规律大致有三种：一种是因果规律。就教育来说，这种规律大都属于共因共果或多因多果，即教育的发展是受多重因素制约的，包括社会的和教育内部的。就教育内部微观的因果规律来说，则大都是多因多果的。例如，学生学习成绩的提高，通常是由教学中的认知因素与非认知因素综合作用而成。

教育的创新要遵循教育中的从宏观到微观的因果规律。一种是相关规律。例如，教育创新与社会经济、政治、文化、科技的创新密切相关，因此，教育创新不可能脱离这些方面的创新而独立进行，必须既注意与这些方面的创新相适应，又重视从这些方面的创新中吸取经验和教训。这是宏观性的外部相关规律。就教育内部的微观性的规律来说，也有许多相关规律，例如，知识与智力密切相关、创造思维与个性密切相关等，认清和遵循这些规律，是教育创新成功的保证。还有一种是概率性的规律，例如，在贫困家境中生长的孩子学习动力强，刻苦程度高，学习成绩也较好，这是一个调查统计出来的概率性规律。教育创新，特别是微观领域的创新，就应该重视这些概率性的规律，使创新的举措更合乎实际，更能取得成效。

教育创新可以是整体的创新，也可以是部分的创新。从一个国家、一个地区来说，对教育进行整体创新，可能是需要的，也是可行的；而对一位校长或教师来说，对教育教学的一个部分进行创新，可能是需要的，也是可行的。究竟怎样确定创新的范围和程度，要视自身的需要和条件而定。

教育创新的标志是使教育获得更新与发展。这种更新与发展可以是使教育目标、内容更科学化，使教育体制由计划型转变为市场型，使教育观念和方式方法由传统型转变为现代型，使教育结构更优化、更完善，等等。发展是硬道理。从教育的现状与时代的要求、人民群众的教育需求来看，教育发展不是快了，而是慢了；不是水平高了，而是低了。目前，我国教育的发展在两方面严重滞后：一是教育发展滞后于经济发展。研究表明，从我国现状的人均国民生产总值水平来看，高等教育毛入学率应该达到15%左右，而实际才达到9%左右。二是教育发展滞后于人民群众对教育的需求和消费的能力。每个家庭都希望自己的孩子上更好的中小学，尽可能上大学，并且有能力分担教育成本，而现在好的中小学还不能充分满足需求，高等教育差距就更大。要解决这两个滞后的问题，必须通过教育创新，而教育创新的成败，也必须以教育更新与发展的成果来衡量。

/ 教育体系的创新 /

教育体系：是指互相联系的各种教育机构的整体或教育大系统中的各种教育要素的有序组合。从大教育观的角度来分，教育体系有广义和狭义之分。广义的教育体系，除教育结构体系外，还包括人才预测体系、教育管理体系、师资培训体系、课程教材体系、教育科研体系、经费筹措体系等。这些体系相对于教育结构体系，称为服务体系。狭义的教育体系，仅指各级各类教育构成的学制，或称教育结构体系。

而具有操作意义的教育教学体系一般包括以下六个方面：一是现代教育思想。在教育主体观、教育质量观、学生发展观上，一方面，继承了传统教育的积极成分；另一方面，更加重视学生的主体性地位，更加重视能力发展，更加重视自主活动在促进学生发展中的意义，提出了"学生为本"、"能力为本"、"活动建构为本"的主张。二是多维度的培养目标。基于未来社会发展对人的发展提出的新要求，主张把学生的发展从知识层面提升到生命层面，提出了"新基础观"、"新文明人观"、"新德育观"、"新能力观"、"新素质观"。三是个性化学校课程。课程功能的实现需要师生的共同开发，要通过课程创新为学生创新素质的健康发展搭建教育平台。四是开放性课堂教学。以活动建构教学论为指导，主张营造具有批判性、创造性思维的科学的、民主的"课堂文化"，创设由个性化课程、个性化教学、个性化作业组成的个性化教学环境和条件，以大量的教学实践案例为依托，形成了以自主学习、情境体验、问题探究、实践活动为中心的四类教学范型。五是多元教育评价。建立了创新性教师评价，师生课堂表现评价，自主设计作业评价，开放式作业评价，实践性作业评价，档案袋评价，反思日记评价，成果展示评价等丰富多彩的学科教学评价和学生素质发展评价模式。六是自主学校管理。以先进的教育管理理念为指导，建立了以自主管理为核心的包括自主管理战略、自主管理机制、自主管理模式、人力资源开发、课程管理、教学制度创新、班级自主管理在内的现代学校管理制度等。总之，作为一种新的教育范式，创新教育由以上六个方面构成了完整的教学实践体系的基本框架，初步实现了由"接受教育"向"创新

教育”的转变，对旧的教育范式具有创新性的意义。

创新教育是以培养人的创新精神和创新能力为基本的价值取向，充分重视教育者个性发展的素质教育，其核心目标是培养具有创造性人格特质的有用人才。创新教育的实践应体现人本化、个性化、基础化、开放性、多样化、示范化、启发性、民主化原则。创新教育的新体系必须按照综合化、系统化、层次化、规范化、现代化、信息化和科学化的原则进行全方位的建构。而构建创新教育的核心便是素质教育。

注重素质教育构建创新教育体系 /

实施素质教育，强化育人意识

教师应在教学中让学生掌握一定的基础知识和基本技能，为其打好知识的初步基础，发展思维能力，培养学生的学习兴趣，养成良好的学习习惯，这对于贯彻德、智、体全面发展的教育方针，培养有理想、有道德、有文化、有纪律的综合性素质人才，具有十分重要的意义。所以实施素质教育，强化育人意识，是作为教师及时注重在课堂中培养学生的多项素质。

提高学生文化科学技能素质。我国在实施义务教育中，把文化科学中知识作为最基础的知识，使其掌握日常生活和社会实践中需要经常用的知识，必须理解和掌握。在课堂教育中，通过教师的启发和引导，面向全体学生，让他们积极动手、动脑思维，形成一个系统化、网络化的知识结构，以提高学生的文化科学素质。同时教师在实施素质教育教学中，不仅要向学生传授文化科学知识，还应有针对性、科学性、实用性地让学生掌握完整的知识。所谓完整的知识，不仅包括教材中一个个具体的概念和原理，还要教给学生知识结构和解决问题的方法，使学生成为爱学习，会学习的人。

培养学生成为复合型人才。要通过实践和技能训练，在掌握理论的基础上提高综合素质，让学生以解决在日常生活和社会实践中的实际问题，形成一定的技能和技巧，这样既提高学生运用知识解决实际问题的能力，又增强了自身的技能素质。在当今社会，我们已不再需要高分低能的书呆子，世纪的警钟已敲响，它告诉我们，一定要让学生学会使用已学到的知识，学会必要的技能，使学生成为高分高能的复合型人才。

提高学生情感素质，建立德育网络平台

教学是教师与学生的双边活动，是以学生心理活动为基础的认知活动。教学过程既是学生认识发展的过程，也是师生情感交流的过程，优化教学过程，师生要具备良好的情感素质。情感素质包括学习的态度、兴趣，不怕困难攻克疑难问题的顽强学习意志，用于进取、敢于竞争的学习精神。在教学中，应使学生知道为什么而学，激发学生的学习兴趣，培养学生抵御挫折、困难的能力，以提高学生的情感素质。

对中小学生进行思想素质教育，需要教师具有很多技巧，即巧妙地将思想素质教育融会贯通于教学中。教师应挖掘教材中蕴涵着的思想教育因素，进行爱国主义教育，激发学生的民族自尊心、自豪感，养成科学的学习态度。并结合教学对学生进行严格要求的训练，培养学生良好的学习习惯，把学生培养成具有优秀思想素质的人。

建立一体化德育网络，优化教学结构。德育网络是实施德育的一种多渠道、多层次的组织体系，建立德育网络是德育的特殊要求。现在的学生，从媒体、家庭、社会获取大量的纷繁复杂的社会信息，为了适应新的情况，变单一的教育为学校、家庭和社会多种教育渠道整合一致，充分利用社会信息中的积极因素，抵制和克服其消极因素，形成学校环境与社会环境的正向合力。同时要重视校外德育网络的建设，形成学校、家庭、社会三位一体化的德育网络。通过采取建立校报、宣传橱窗、学校联系卡等措施以及组织家长到校参加会议和重大活动、定期展开家长会，并通过组织一系列活动对学生进行德育教育。如组织学生观看有意义的电影《离开雷锋的日子》、《伟大的朋友》和请老红军、老干部来校进行传统教育报告，教育学生继承老一辈革命的光荣

传统等，对学生进行日常行为规范教育及朴素教育和爱国主等形式的德育教育。

多位育人、立体管理，丰富德育内涵

在实施德育工作中要力求做到“三有”，即有主题、有层次、有实效；突出“四性”，即思想性、适应性、生动性、全员性。德育活动贵在精而不在多，既减轻师生负担，又受到师生欢迎。一是寓德育于“教学”，教书育人中。学科本身有内在的科学体系和逻辑体系，同时也蕴涵思想品德教育因素。如语文教材中《邱少云》、《黄继光》、《雷锋日记》等等在教学中渗透英雄事迹、受英雄思想教育。只有教师在备课中充分挖掘教材的德育因素，渗透教育内容，才能达到思想教育、传授知识和培养能力同步；二是寓德育于“管理”，管理育人中。严格的管理是教育成功的保障。通过制定一系列条例、规章，健全常规制度，建立学生教育评比制度，培养学生遵纪守法、爱党爱国的优良品德和环保、卫生意识及竞争合作意识；三是寓德育于“活动”，活动教育中。要建立完善的少先队和共青团组织，发挥少先队共青团在校德育中不可忽视的作用。并利用组织优势开展一系列教育活动，达到将爱国主义教育融入各项活动中；四是寓德育于“环境”，环境育人。创设良好的教育环境，要对学校环境绿化、美化，建立体育设施和做到班班有国旗、条幅、一日课堂常规、图书角；校有展评栏、图书馆、设闭路电视和广播宣传阵地及开辟大型德育墙等，采取各种措施达到对学生进行德育教育的目的。总之，在实施素质教育过程中教师一定要强化育人意识，育人的目的在于培养，发掘学生各方面素质潜能，只有努力使素质教育与教书育人结合起来，切实改变传统教学模式，要按照提高学生素质的方法认真设计相应的教学方案，即以学法定教法，从而做到既教知识，又教做人，不仅要使学生掌握文化知识，还要使每个学生在德、智、体、美、劳全面发展，这样才能培养出适应我国社会主义现代化需求的综合性、高素质的人才。

从根本上来说，创新教育具有主体性教育的特征，是一种重视人的主体性、弘扬人的主体精神、以人为本、以人的发展为本、注重发展人的创造性的教育。由于创新教育本质上是一种主体性教育，而目前高校创新教育不足的原因是主体性缺失，因此高校必须以主体性教育理论为基础，探索主体性创新教育体系的构建。所谓主体性教育，就是以培养和发展学生主体性为基础，以把学生培养成为具有一定的创新意识、创新思维、创新能力以及创新个性的创新主体为主要目标的教育。构建主体创新教育体系要“突出一个理念，明确三个目标，指向四个维度”。

突出一个理念

突出一个理念，就是突出主体性教育理念。实施创新教育，必须确立并突出学生是主体的理念，明确主体性是创新型人才培养的条件和基础，明确学生主体性的生产条件和培养途径，努力培育学生的主体意识、主体能力和主体人格，努力把学生培养成富有个性、高素质和创造性的人才，促进学生的全面发展。突出主体性教育理念，应树立三种观念。首先，要树立人本的教育观。人本教育就是以人为本的教育，这是主体性教育理念的核心。高校主体性教育应重视人的自我发展和完善的需要，把学生的发展本身作为目的和核心，确立受教育者在教育活动中的主体地位，并通过提高他们的主体意识，扩大他们的主体能力、完善他们的主体人格，不断激发他们的自主性、能动性和创造性，从而为创新教育的实施提供良好的主体条件和基础。其次，要树立人文教育观。人文教育是提升人文素质、培育人文精神的教育，是形成健全的主体人格的必要途径。人文教育要通过各种文化载体所凝聚与折射出的人类文明，潜移默化地影响学生的思想、情感和意志，影响学生对世界的认知、感受及表达方式，并最终积淀为学生个体内在世界最深厚的东西——主体人格。高校人文教育应积极创设有利于培养学生人文精神的教育环境，努力健全学生的主体人格，夯实创新型人才培养的

人文基础。最后，要树立正确的人才观。高校要树立全面发展的人才观，强调人的知识、能力与素质的统一、协调以及相互促进，促使学生在德、智、体、美等方面的全面发展；树立人人可以成才以及特色成才的理念，注重学生的全面发展和个性发展。

明确三个目标

首先，注重培养学生的主体创新精神。主体创新精神是实施主体性创新教育的基础。一个没有创新精神的主体是不可能开展创新活动的。培养学生的主体创新精神的重点是培养学生推崇创新、追求创新、求新求变和积极探索的精神。创新意识是培养主体创新精神的前提。创新意识的核心是不断追求创新的自觉性。只有在强烈的创新意识引导下，才可能产生强烈的创新动机，树立创新目标，充分发挥创新潜能。

其次，注重培养学生的主体创新能力。主体创新能力的形成是创新人才培养的最高表现形式，是推动人终生从事创新性活动的内在动力。主体创新能力主要包括创新思维能力和创新实践能力。创新思维能力是逻辑思维与非逻辑思维的统一，主要包括观察力、想象力、发现和提出问题的能力以及预测能力等。创新实践能力指大学生在实际的创新活动中提出新设想和解决新问题的能力，包括创新的设计能力和操作能力等。

最后，注重培养学生的主体创新人格。主体创新人格是指个体内在的创新意愿和创新能力通过相互协调与统一而构成的较为稳定和独特的心理特征的总和，是指创新主体在非智力因素方面应该具备的素质。培养当代大学生的创新人格，需要保护好他们的好奇心，增强创新需要和动机；提高他们的知识水平，强化他们的主体创新意识；加强人格修养，增强他们的责任感和主动性；培养他们的意志品质，提高他们对挫折的耐受力；使他们养成自立自强的独立精神和能力。

指向四个维度

构建主体创新教育是高校人才培养模式的自我变革，主要指向课程教学、校园文化、社会实践、管理机制四个维度。

课程教学维度需要做到完善课程体系，改进教学方法，创新实践教学。在教学过程中，最基本的是要把学生作为真正的教育主体，充分发挥学生的主体作用。首先，创新教育适应主体性教育，需要更新课程观，要由“认同性”课程转向“创新性”课程，由“规约式”课程转向“协商式”课程。其次，要适应学科广泛交叉、相互渗透、既高度分化又趋于综合的趋势，构建综合化的科学的课程体系，为学生吸收更广泛领域的知识、形成科学完整的知识结构和开展创新活动打好坚实的知识基础。再次，要改变传统的教育方法和模式，变传统灌输式教学为“传知激思”和启发性教学，在启发和互动中培养学生的创新思维。最后，实践教学是培养学生实践能力和创新能力的关键环节，要通过基本实验、见习实习、课程设计与毕业设计等实践教学环节，培养和提高学生的基本能力、综合能力和创新能力。

校园文化维度需要以培育人文精神和科学精神为着力点，构建创新型校园文化。创新型校园文化能引导学生树立创新价值观、培养创新思维和增强创新意识，从而提高其创新能力。首先，培育大学生的人文精神，健全其主题人格。要大力开展丰富多彩的校园人文艺术活动，如人文讲座、社团文化活动、艺术文化活动等，营造浓厚的崇尚人文精神的校园文化氛围。同时，要营造良好的校园人文环境，让校园建筑处处体现出人文思想，使学生在潜移默化中接受人文精神的熏陶。其次，培育大学生的科学精神，提高其创新能力。要积极搭建大学生科技创新活动平台，进一步完善科技竞赛活动和学生科研立项活动，积极开展学生创新文化活动，扶持学生科技社团健康发展。在大学生科技创新活动中，要坚持学生主体性、广泛参与和团队合作等原则，必须避免急功近利、单纯“服务竞赛”和抓点不抓面等现象发生。因为这些现象不利于学生主体性的发挥，是与主体性创新教育背道而驰的。

社会实践维度需要建立创新实践基地，开展创新性社会实践活动。社会实践活动是大学生经风雨、见世面、长才干、作贡献的重要途径，是巩固知识的必要手段，也

是学生主体教育功能有效发挥的最好形式，因此，必须重视学生主体在社会实践中的创新教育。首先，高校要根据学校的学科和专业特色以及社会发展需要，建立创新实践基地，推广并实践大学生创新项目。其次，要推进产学研合作，充分利用企业的经营优势、信息资源、实验设备和创新环境，通过学生参与企业项目研究、学生创新项目应用于企业生产等途径，培养学生的创新精神和创新能力。再次，要把社会实践活动与大学生科技创新活动结合起来，让学生自主设计实践内容，自主参与实践活动，通过主体性的创新实践活动，提升学生的创新能力。

管理机制维度要求构建有利于主体创新的管理机制，保障主体性创新教育的实施。首先，建立高校创新教育的组织机制。如建立大学生创新教育工作指导委员会，下设各类专门的组织机构，形成完善的创新教育组织体系，以加强对创新教育的组织领导。其次，建立确保学生学习自由的教学管理运行机制。学习自由，是创新的基本前提，有利于激发学生学习的内在动机，有利于培养学生的创新人格，为创新型人才的成长奠定基础。再次，建立有利于创建创新型校园文化和开展创新性社会实践活动的保障机制。如设立学校创新活动基金，为大学生科技创新活动和创新性社会实践活动提供资金保障；建立健全大学生科技创新活动制度，为大学生科技创新活动和创新性社会实践活动提供制度保障等。最后，建立有利于学生创新能力发展的人才评价与激励机制。要改变以学习成绩来评价学生的质量观，改变以分数排队的单一的评价模式，建立综合性的有利于学生全面发展的评价体系，并将学生创新能力作为一项重要评价指标列入学生综合素质评价内容。

/ 教学原则与模式的创新 /

教学原则是根据教育教学目的、反映教学规律而制定的指导教学工作的基本要求。它既指教师的教，也指学生的学，应贯彻于教学过程的各个方面和始终。它反映了人们对教学活动本质性特点和内在规律性的认识，是指导教学工作有效进行的指导性原理和行为准则。教学原则在教学活动中的正确和灵活运用，对提高教学质量和教学效率发挥着一种重要的保障性作用。

教学原则对教学活动的顺利有效进行有着指导性和调节性的意义。作为教学活动的准则，它必然能够对教学活动的各个方面起着指导和调控的作用，能够为教师提供积极有效的开展教学活动的依据。教学原则在一定程度上决定了教学内容、教学方法与手段、教学组织形式的选择。教学原则确定之后，对教学活动中的内容、方法、形式的选择，都有着积极而重要的作用。巴拉诺夫指出："教学论原则决定教学方法。选择教学方法和论证其效果有赖于作为这些方法基础的教学论原则。教学论原则体系，就是对学习和掌握教材的基本途径的总的说明。"科学的教学原则可以有效地提高教学效率。科学的教学原则在人们的教学活动的实践中灵活有效的运用，对教学活动的有效顺利地开展，对提高教学活动的质量和效率都会有着积极的作用。

创新性教学原则，是指创新性教学必须遵循的基本条款，是对教学活动的原则性要求，是从创新性培养角度评价课堂教学活动的标准，它是创新性发展规律在教学活动中的明确体现。遵循这些原则就能有效培养学生的创新性；相反，如果违反了这些原则，就可能无意中扼杀了学生的创新性。

创新性教学的原则 ／

创新教学是实施创新教育的全新理念，在实施过程中必须坚持以下原则。

主体性原则

学生是学习的主体，创新教学以学生为出发点和归宿，把学生作为真正的教学主体，坚持落实学生的主体地位，尊重学生，信任学生，让学生得到生动活泼的发展。只

有尊重学生的人格，尊重学生的兴趣爱好，尊重学生的自由发展，尊重学生的首创精神，才能发掘学生的创新潜能。主体性的一个重要品质是主动性。主动性相对于被动性，即变“要我学”为“我要学”。“要我学”是基于外在的诱因和强制；“我要学”是基于学生对学习的一种内在需要。坚持主体性原则要做到：一是把课堂真正还给学生，给学生提供主动、独立学习的最大时空，使学生真正成为课堂教学的主人，充分调动学生学习的主动性、积极性和创造性；二是要发扬教学民主。在创新性课堂教学中，教师要建立新型师生关系，变“以教师为中心”为“以学生为中心”，真心诚意地与学生平等交往与交流，在融洽和谐的气氛中合作完成教学；教师由知识的传播者、主宰者转变为促进者、研究者和合作者、引导者，使学生舒展天性，生动活泼地得到发展。教师要在导学上下工夫，使学生由被动的学习受体转变为自主学习的主体。

开放性原则

开放对应封闭。创新教学不是狭隘的自我孤立、自我封闭的教学，因为封闭只能导致僵化，只有开放，才能搞活教学，因此创新教学要求教师必须具有开放性教学观。从内容上讲，意味着科学世界向生活世界的回归，加强与学生生活、社会生活的密切联系，引导学生关注前沿，面向未知。从过程上讲，人是开放性的，创新性的存在决定教学不应用僵化的形式作用于人，否则，就会限定和束缚人的自由发展。创新教学的根本目的不是教会解答、掌握结论，而是在探究和解决问题的过程中发展思维、培养能力、激发求知欲，从而主动寻求和发展新的问题，即重过程、轻结论。从空间上讲，把学生从课堂引向广阔的社会，向影视报刊、电子网络延伸。从逻辑思维的角度讲，首先实施全脑教育，在重视左脑抽象逻辑思维的基础上，尤其重视右脑具体形象思维的训练；其次，加强开放性的发散性思维培养，重视开放性问题的训练。

探究性原则

创新教学理念揭示，在教学过程中，学生是一个积极的探索者，教师的职责就是创设一种令学生能独立探究的情景，而不仅仅是提供现有的知识。创新教学重视问题的探究，强调学生积极主动地参与，强调学生的独立思考和彼此之间的思维启迪。因此，探究是实施创新教学的关键一环。美国生物学家、芝加哥大学教授、课程专家施瓦布指出，知识，包括科学在内，并非是真理的结合，而是有待于证明和改进的假设的集合而已；知识也决不是稳定的体系，而是随着证据的增多而不断被修正的系统。因此，应该把课堂教学作为学生以自己已有的知识、心理结构和信念为基础，进行探究并建构自己的知识结构和能力结构的过程。一方面意味着允许学生对知识的合理性提出质疑和探究，另一方面，学生则要成为学习的真正主人，在主动、合作、交流、探究的过程中获取新知、求得发展。

问题性原则

现代教学论研究指出，从本质上讲，感知不是产生学习的根本原因（尽管学生是需要感知的），产生学习的根本原因是问题。没有问题也就难以诱发和激起求知欲。因此创新教学特别强调问题在课堂上的重要性。一方面，教师要善于提出问题，并且教师在课堂上设计的问题一定要有新颖性、多面性、能激活学生思维；对于学生的回答，教师不强求标准答案，要鼓励学生的求异思维和创新思维。另一方面。教师要善于启发学生提出问题，课堂一定要创设问题情境，让学生想问、敢问、善问。这里需要特别强调的是问题意识的形成和培养。问题意识是指问题成为学生感知和思维的对象，从而在学生心理上造成一种悬而未决但又必须解决的求知状态。问题意识既可以激发学生强烈的学习愿望，又可以激发学生勇于探索、创造和追求真理的科学精神。没有强烈的问题意识，就不可能激发学生认识的冲动性和思维的活越性，更不可能激发学生的求异思维和创造性思维。

普遍性原则

心理学研究表明，人人具有创新潜能，创造力不是艺术家、科学家和少数尖子生

所独有的。“一切为了每一位学生的发展”是新课程的最高宗旨和核心理念，教育的任务就是要发现和开发蕴藏在每一个学生身上的创新潜力。因此，创新教学必须面对全体学生，必须具有普遍性。普遍性是社会公正、教育公平的体现。当然，在强调面向全体的同时，还应重视学生的个性差异，注意因材施教。在创新教学过程中，要针对不同层次的学生，创设多样化的教学情境，采用多样化的教学活动，建立多层次、多维度、多样化的教学体系，以促进他们各自特长的充分、自由的发展。

体验性原则

体验是指身体性活动和直接经验而产生的感情和意识。体验使学习进入生命领域，因为有了体验，知识的学习不再是仅仅属于认知、理性范畴，它已扩展到情感、生理和人格等领域。创新教学首先强调学生的身体性参与，强调调查研究、实践操作、经历活动，强调促进学生生命成长的需要。其次重视直接经验。从课程上讲，就是把学生的个人知识、直接经验、生活世界看成必要的课程资源；从教学角度讲，鼓励学生对教材进行自我解读、自我理解，尊重学生的个人感受和独特见解。从学习角度讲，把直接经验的改造、发展作为学习的重要目的，间接经验要整合、转化为学生的直接经验，成为学生素质的有机组成部分，否则，就会失去其教育意义和发展的价值。

独立性原则

独立性相对于依赖。每个学生，都有相当强的潜在的和显在的独立学习能力，都有一种独立的要求，都有一种表现自己独立性的欲望，他们在学生的整个学习过程也就是一个争取独立和日益独立的过程。低估、漠视学生的独立学习能力，忽视和压制学生的独立要求，必然导致学生独立性的不断丧失，这是传统教学的根本弊端。创新教学倡导和鼓励求异创新，强调培养学生独立分析问题的能力，独立地获取解决问题的多种途径和方法。许多崭露头角、表达非凡的学生，他们的成就往往都不是教出来的，而是他们对某一问题特别有兴趣，利用课余时间钻研的结果。他们知道如何独立学习、寻找资料和解决问题。因此，在创新教学中，教师应善于发现学生的特殊潜能，充分尊重学生的独立性，积极鼓励学生独立学习，并创造各种机会让学生独立学习，允许学生从事独立的学习活动，从而让学生发挥自己的独立性。

过程性原则

传统教学按照美国心理学家桑代克的理论即“刺激——反应”模式组织教学，重视教师的“刺激”和学生的“反应”，忽视学生头脑对“刺激”的加工过程，认为人脑是个“黑箱”，是不可捉摸的。这种教学的优点是强调训练，但却忽视了对过程的探究。认知心理学则重视对信息加工过程的研究，探求其中的加工机制，这对提高学生的思维水平意义重大。过程的价值在于思维，而结果的价值在于知识。创新教学重过程、轻结果，强调对学生学习过程的分析和研究，认为学习结果只是学习过程的产物。

活动性原则

活动性是指创新教学必须在丰富多彩的手脑并用的活动中去实现、去完成。因为人类的一切创造成果都是在改造客观世界和人类自身的实践活动中完成的，离开了实践，离开了活动，就谈不上创造。荷兰数学教育家汉斯·弗赖登塔尔在《作为教育任务的数学》中指出，“科学不是教出来的，也不是学出来的，而是创造出来的”。因而学校的“教学必须从被动地听转为主动地获得”，“我们的教学应当为青年人创造机会，让他们通过自己的活动来获得文化遗产”。学生的学习过程不是学生被动地吸收课本上的现有结论，而是一个学生亲自参与的生动丰富的思维活动，经历一个实践和创新的过程。按照苏联心理学家列昂节夫的观点，活动产生意识、产生个性。苏联教育学家苏霍姆林斯基就是通过活动和劳动将107名“智力发展极端迟缓”的学生培养成完全合格的正常人。因此，创新教学强调课堂教学应当提供丰富的活动内容，让每一个学

生都有活动的机会，将课堂由教师的课堂变成学生手脑并用的活动之堂。

建立创新教学模式 ／

随着时代的变迁，我们的教学模式也必须随国家本科教育发展目标的变化而变化。高校要运用创新理论，在发展学生综合素质的同时，致力于学生的创新能力的培养。要达到这个教育目标，高校的教学模式必须创新。

创新教学组织形式，把教学过程中的主导权交给学生。这样更有利于充分调动学生学习的主动性与积极性，使学生在学习过程中不但能接受新知识而且还能发掘自身的创新潜能，提高学习效率。

创新教学内容，适时调整教学大纲。教学课程和内容的设置要更利于开发学生智力，激发学生学习兴趣；加强学科间的渗透，把与本学科相关的或邻近的学科知识融会贯通；克服封闭的、陈旧的学科观念，让学生运用多学科知识，参与处理现实生活中的实际问题。

创新教学方法，挖掘学生创新潜能。大学是一个充满理性思考和批判精神的场所，追求真理是广大师生共同的奋斗目标。采用开放交互式教学方法能充分调动师生的积极性、能动性，建立民主、活跃，既严谨又充满激情的学习氛围，弘扬学生的主体精神，引导学生以科学态度批评地接受传统与现实，能够以理智的态度对社会的一些不良现象进行深层思考，能够在包容思想的庇护下自由开展学术交流、民主竞争和思想传播。

创新教学效果评价标准和方法，以适应国家和社会发展需要。教学效果评价标准和方法在教学中起着举足轻重的导向作用，要改革过去单一的评价标准和方法，建立多种形式和不同层面的教学评价标准和方法评价学生的学习。

建立创新的教学模式可以做到：

提高教学效果。学生基础知识学得扎实与否，直接决定他们未来的发展潜力和创造潜力。在教学过程中应采用不同的教学模式，让师生把思想放开，不要总是在自己的所谓学术背景里出不来。只有因材施教才能使教学过程生动活泼，形式与内容更加统一，才会收到良好的教学效果。

培养创新意识、创新思维和创新能力。社会在不断发展，对人才的要求也在不断发生变化。高等教育要适应国家和社会对人才发展的需求，在传授各种知识的同时，要注重对学生创新意识、创新思维与创新能力的培养。创新意识是创新能力的基础，是学生对周围环境发生的各种现象的反应能力和评价、判断能力。通俗地说就是培养大学生对事件的反应敏感度。要培养学生养成时刻准备捕捉信息的习惯，做到眼观六路、耳听八方，在一些很平常的、司空见惯的，甚至微不足道的事物和社会现象中发现有价值的信息，并为我所用。一个人的信息意识越强，他的生存竞争能力和求知创新能力就越强。创新思维是创新能力的核心，是指学生有良好的思维习惯和思维方式。良好的思维习惯不是生来就有的，而是要从小到大一以贯之地训练和强化得来的。大学生良好思维习惯需要在学习过程、社会实践、对话辩论、课题研究、答疑解难中逐步养成，是高校教育的重要环节，教师应成为课堂思想火花的碰撞者和思想热情的燃烧者。引导学生亲自尝试认识真理的过程，体验有所创造的愉悦，使学生认识到知识领域不存在顶尖，需要不断拓展和索求。良好的思维方式是创新产生成效的关键，高校教育要强化对学生良好思维方式的培养，从而达到创新能力的提高。

构建新型课堂教学模式

构建新型课堂教学模式的理论指导，对构建教学模式具有决定性的作用

采纳不同的教育思想、教学理论与学习理论会产生不同的教学模式。比如，17世纪捷克教育家夸美纽斯从人的认识角度进行分析，课堂教学模式是以认识论为基础；德国教育学家赫尔巴特第一次将心理学原理运用于教学过程的分析；反传统学派代表人美国实用主义教育家杜威提出“从做中学”的教学思想，创建了“五阶段”课堂教

学模式。

构建新型的课堂教学模式应该反映现代先进的教育思想。现代先进的教育思想主要有：全民教育思想，即面向全体国民，提高全员的整体素质；终身教育思想，即学习应该贯穿人的一生；素质教育思想，即培养造就全面发展的人。新型课堂教学模式要体现我国素质教育强调的三个发展，即学生的全体发展、全面发展和个性发展，培养学生的创造能力。

构建新型课堂教学模式应该吸取先进教育理论的观点，当代许多教育学家和心理学家都提出了许多先进的观点，比如布鲁纳的发现教学理论，之所以要把教学模式作为教改的主要目标，是因为教学模式是指在一定的教育思想、教学理论和学习理论指导下、在一定环境中展开的教学活动进程的稳定结构形式，也就是说，教学模式是指按照教育思想、教学理论和学习理论来组织教学活动进程的。

构建新型课堂教学模式应兼顾技术与人的因素

随着科学技术的飞速发展，特别是信息技术对教育的影响，人们越来越意识到现代教育中技术因素的重要性。技术辅助教学可以用于个别化教学，也可以用于课堂教学；可以是以“教”为主，也可以是以“学”为主。在当今时代技术渗透到教育之中，这是任何人都无法改变的事实，现代化的教学媒体在教学中的运用越来越广。因此，在构建新型课堂教学模式时，要正确处理好技术因素。在探索利用技术手段于教学过程中构建新型课堂教学模式时，应该充分发挥技术的优势，使技术成为教学的动力。但是不能只注重技术成分而忽略人的因素。新型的课堂教学模式应该强调学生的主体作用，让学生参与到教师的教学活动中，在构建新型课堂教学模式时，应将人的因素放在首位，让技术成为推动教学的动力。

构建新型课堂教学模式应突出的特性

新型课堂教学模式就应该不同于一般课堂教学模式，否则“新”字就无法体现。

"新"包括以上所提到的新时期先进的教育思想、教育理论的指导；新技术在教学中的应用；形成的新的教学结构进程。独特指某一新型的课堂教学模式具有特定的目标、条件和范围。

新型的课堂教学模式应该构建符合和体现现代先进教育思想和教育理论要求的一套比较完整的操作要求和基本程序。这里的操作要求和基本程序应该是可以在实际的教学中运用并经过实践验证的。新型的课堂教学模式应该具有可行性，否则它也不能叫作模式。具有可行性才有推广价值。新型的课堂教学模式结构进程应该清晰明了，便于人们操作，这样才能推广。

课堂教学模式形成的是教与学活动中各要素之间稳定的关系和活动进程结构形式。模式一旦形成，要素之间的关系就趋于稳定，模式的进程结构也趋于稳定，模式才具备可行性。但是，稳定并不是一成不变的，稳定是相对的，在长期的教学实践中课堂教学模式也要经历一个完善的过程，一成不变的模式同样是没有生命力的。可见，新型课堂教学模式，只有在实践中发展完善才具有价值。

两种具有创新性的教学模式

帕恩斯—奥斯本的创造性问题解决模型

帕恩斯—奥斯本创造性问题解决模型是一个很有影响力的创造性教学模式，即CPS模型。其特点是训练学生学会以系统的方法来解决问题，特别强调问题解决者在选择或执行解决方案之前，应尽可能想出多种办法。该模型有两个基本假设：一是每个学生都具有不同程度的创造性，可以通过练习提高创造力，知识是培养创造力的基础，没有预先储备的知识就不能创造；二是教师能够而且应该教导创造行为，为了安排有利于学习创造行为的气氛，教师必须建立一个能自由表达的环境，鼓励幽默并酝酿一些想法。

为了说明这个模型，假定一个方案以解决目前大学校园里的一个头疼问题：停车

场不够用。由于情况复杂，我们又没有能力马上提出一个解决方案，所以就按照CPS新模型的三个阶段来逐步解决这个问题。

第一个阶段是认识挑战，包括三个步骤：

第一步是分析情况。先形成一个粗略的目标(我要改善目前停车场的状况)，然后调查实现这个目标的各种机会(或有利机会)，可能会出现哪些挑战。

第二步是探索资料。收集来自各个方面的信息。例如，现有停车场的状况、可用来新建或改进的停车场位置及其面积、每天不同时段的上课班级数量(即需要停车的学生和教职工数量)等等。我们还可以用访谈的方式了解学生和教职工的看法，以明确停车困难是否对不同的群体有不同的影响。

第三步是界定问题。将上一步中收集到的最重要的资料信息用来形成对问题的一个清楚的界定或陈述。这一步将确立问题的性质，得到一个准确的陈述，我们通常用“我们用什么方法才可以……”(In what ways might we …)这个句式(简称IWWMW)来进行问题陈述。如果问题是缺乏足够的停车场，那么问题的陈述将会包括：我们用什么方法才可以修建更多的停车点？找到更多的停车空间？限制在校停车的学生数量？限制进入学校的车辆？使在校车辆与可用空间匹配？为走读的学生提供更方便的到校方式？

清晰的问题陈述对决策是很有影响的。问题陈述得越广，解决问题的方案内涵就越多。第一个问题中，由于停车点受到规定数量的限制，所以找不到更好的解决方案。第二个问题便会让我们想到设立地下停车场，或者升降机车库，甚至楼顶停车场等诸多不错的解决方案。而最后一个问题也大大增加了问题解决的幅度——在学生和教师集聚的站点都设立公共汽车线，放学班车或者直升机！

第二个阶段就是产生方案、产生主意。这里包括两个过程：

第一个过程是评价任务，是指确定CPS是否适用于当前问题的解决(如果问题的答案不是唯一的，需要想出诸多的解决方案，那么CPS模型就是一个很适合的方案；反之，如果问题的答案唯一，我们的任务就是要寻求到这个唯一的解，那么CPS模型就显得不是很适用)。

第二个过程是进行设计，是指在任务评价的基础上用发散式思维想出诸多解决方案。头脑风暴法在这里就可以派上用场，集思广益会得到很多不错的方案。

第三个阶段是行动准备，研究前面所提出的各种可行方案并且加以实施。这里有两个阶段：形成答案和取得认同。

“形成答案”是指提出各种方案，提供详细的方针和分析工具。为了避免出现一些两难状况，我们可以选择一定的标准，如关于停车场问题的标准可以有下面这些：需要多少开销？是否合理合法？技术是否允许？是否使学生更方便了？是否使教职工更方便了？大学管理部门是否能够接受？

“取得认同”是指从可选方案中找到一个最可行的方案，并且制订一个行动计划。也许在这个步骤上会重新发现一些困难，所以这个步骤是必需的，它也是对前面每个步骤的一个总结。

CPS模型的建立的确能够对创造性问题的解决起到不错的作用，但是我们也看到CPS模型并非对任何创造性问题解决都适用，其实也许根本就没有一个万能的加工模型。

泰勒发展多元才能的创造性教学模式

泰勒认为，几乎所有的学生都具有某种才能，这些才能都可以通过创造性教学获得很好的发挥和发展。而在传统教学研究与实践中，研究者和教师却常常只重视学生学业成绩的进步，忽视了这些才能的发挥与发展。在此背景下，泰勒提出了发展多元才能创造性教学模式，把发展学生的多种才能作为教学的重要目标。

基本观点

泰勒认为与创造性关系最密切的才能主要包括以下几种：一是创造性才能，是一种能将零碎或无关的资料组合成新产品的能力，具有流畅、变通及独创性；二是决策的才能，是指在做出判断之前能审慎评判资料的能力，也指实验及逻辑的评判工作；三是计划才能，指能从事具有精密性、敏感性及组织性计划的能力；四是预测能力，指对未来有预测能力，能评判某项活动的后果和影响；五是沟通能力，指以语言或非语言的方式，将信息传递给对方，其中包括表达、联想及语言三方面的流畅性；六是思维才能，指生产性思维技巧，包括发散、收敛、评判三者思维能力。

泰勒的发展多元才能创造性教学模式认为，创造性教学可以采用下述步骤：

1.呈现思考的情景或问题。

2.给予学生充分思考的时间，并列出学生想出的主意。

3.提供一个分享、修改以及改进新想法的环境。

4.提供酝酿的时间。

5.让学生讨论和分享这些新观点。

6.让学生选择最佳的问题解决方案。

7.让学生选择最独特的问题解决方案。

8.实施教学方案。

注意事项：

从该模式的操作程序来看，它特别强调教师对学生的激励、启发以及学生之间的竞争与合作，注重学生学习的需要、兴趣、主动性等个性倾向因素。泰勒模式以问题解决为主要教学途径或策略。教师在教学中需要注意以下几方面的问题：

1.在教学前应让每个学生参加一种才能训练，提供机会、材料和时间，观察他们在各种活动中的参与情况，发现他们的优缺点，教师可以从中了解学生，学生也可以从中了解自己。

2.重视教学过程，强调知识获得的过程重于获得的结果。

3.教学方式应有开放性、发现性、自由选择性、灵活多样性，学生在活动中制订计划，进行预测，设计程序，然后教师提出问题，要求学生完成。

4.应鼓励学生多想求异。当团体讨论过程中出现多种不同方案时，教师应引导学生发现一些有效的成功解决问题的方式，学会优化选择。教师要重视学生的观点、疑问及困难。

5.教学要具有开放性及接纳性，鼓励学生多提意见，量胜于质，不多做批评，然后选择最好的方案，并尝试付诸实践。

6.鼓励学生在课外根据志趣和特长独立进行学习。鼓励学生在非学业活动中独立学习，这在计划、决定及预测等才能的发展尤其重要。让学生做个人或团体计划，也可让学生检查自己的方案是否有效，或让学生预测他人对于自己的方案的反应。

/ 教学策略的创新 /

创新性教学是培养学生创新性思维的主要渠道，是创新性教育的重要组成部分。创新性教学是以创造学、创造心理学和创造教育学的基本原理为指导的，运用科学的教学方法和教学途径，在传授知识的同时培养创新性的教学。创新性教学策略是指进行创新性教学的方法和技术。本章将从课堂中的创新性教学和创新性思维教学两个方面描述创新性教学策略。

课堂中的创新性教学策略 /

四个常用策略

第一个策略是情感策略。提高学生创新素质的关键是非智力因素。无数在创新道路上取得成功的人物表明，成功的决定因素首先不是他们的渊博知识而是他们的创新人格。源自内心的热爱和追求，是创新的灵魂。其自主性、激情、意志等对学生创新素

质的形成与提高具有极大的推动作用。所以在教学中要特别注重创新意识的培养，激发学生的创新欲望，加强学生的情感教育，促进和提高学生情感智慧的发展。例如在物理教学中可以通过对物理的考察，充分挖掘科学家崇尚科学的情感和价值观，严肃认真的科学态度和良好的品格修养，追求科学的顽强毅力和献身精神，发挥科学史可以给人以智慧的功能，从而达到培养学生创新意识和创新精神的目的。

第二个策略是氛围策略。创新教学的课堂中，教师应努力创设一种“以人为本”、以学生为中心的课堂环境，营造一种尊重学生的观点、问题，鼓励学生提问、概括、假设和陈述的课堂氛围，高度鼓励和评价学生的积极参与。一句话就是要营造一种有利于开展创新教学的课堂氛围。创新教学的特征之一是问题性。学生对问题产生困惑并产生求解问题的愿望，是创新教育的前提。教师要创造性地设置问题的情景，营造一种让学生发现问题、解决问题的氛围。在教师的指导下，学生通过观察、讨论，独立地去发现问题，抓住问题的实质，从不同的方面、不同的思维方式，探求多种求解的途径。创新教学的特征之二是探究性。传统的教学活动以“告诉”的方式让学生“占有”人类已有的知识经验，造成学生被动的接受方式。创新教学过程是师生共同探索的过程。教学中师生要积极开展双向交流，各抒己见，开放彼此对问题的认识、观点、看法，阐明各种观点、看法的原因和理由；平等、公正地进行讨论、验证各自不同的观点和看法。要让学生在探究的氛围中发现问题，总结规律。创新教学的特征之三是个性化。没有个性，就没有创造，就没有特色。创新教学的课堂要营造一个个性得以自由发展的宽松氛围。要使优生发挥特长优势，使后进生不因为有错误观点而受到冷嘲热讽，要消除后进生对学习的“恐惧”，使每个学生都体验到学习的快乐，享受到成功的喜悦。如在初中物理教学中把验证性实验改为探究性学习实验后，自然地创设了师生平等交流、探究问题的创新学习氛围。另外讨论开放性实验，设计实验方案等都是创设氛围的好方法。

第三个策略是方法策略。灵活的思维方法与创新活动密切相关。方法策略就是在实施创新教学过程中要使学生掌握科学方法和创新方法。这是训练学生创新素质的重要途径。教学过程中要强调发现知识的过程，创造性解决问题的方法，而不是简单地介绍其结果。这样知识的学习不再是唯一的目的。同时它也是认识科学本质，训练思维能力，掌握科学方法的手段。

创新思维的重要特征是批判性和发散性。批判性就是不盲目从众，坚持自己的独立思考，拒绝复制思维。创造从怀疑开始，怀疑就是思考，就是批判。思维的发散性，就是多角度、多侧面的思维方式。传统的教学方法有的是抑制甚至扼杀学生的创新思维。如教学时间和空间“集装箱”式的程式化，使师生缺乏个性化的选择和自由统一的学习方法抹杀了学生思维个性，标准答案不允许学生尝试错误，更不允许批判思维、发散思维；过分依赖演绎的教学使学生跳不出教材和教师的手心等等。因此在创新教学中要适当调整教学结构和体系，加强创新思维方法和技巧的训练。如在物理教学中可以对实验装置运用缺点列举法、特性列举法等创新技法进行改进，设置一些开放性问题，运用头脑风暴法、力行法等创新思维方法进行解决等。

第四个策略是知识策略。扎实的基础知识是学生学习和掌握专业知识与技能技巧的基点，是创新素质形成的基础。知识策略就是在创新教学中不能忽视基础知识的教学，而要以基础知识为载体，把创新素质的培养目标落实在知识点的教学上。要求学生既要勤奋学习基础知识，又要注意掌握创新方法。要求教师在教学时既要引导学生运用创新方法去构建知识结构，形成知识网络，提高分析问题和解决问题的能力。如引导学生把生物、地理、化学、物理中关于环境保护的知识进行归纳，分析当地环境污染产生的原因并提出其对策。这样以知识为载体，从“人的角度”来培养学生的创新素质。这样的学生才不是“仓库型”人才，才能想前人所未想，创前人所未创。

将创新教学策略贯彻在课堂教学全过程中

以下将以一堂政治课为例，论述在政治课堂中如何运用创新教学策略。

课堂前，做准备，环境很重要——创设活跃、民主的教学氛围——活跃氛围促创新

教师平时要深入细致地了解每一位学生的思想动态，充分利用幽默的语言、亲切的笑容与学生交流，消除师生之间的隔阂，拉近师生之间的距离。课堂上，教师要充分发扬教学民主，坚持以学生为主体，允许学生提出与教师和教材不一致的见解，允许学生保留自己的观点。由于每一个学生都有自己的特性，他们的性格、气质、愿望、兴趣、要求和认识方式各不相同，他们提出问题、回答问题的思路、见解可能也各不相同，因此教师应对不同学生的种种异想天开、幼稚的发明、某些愚蠢的表现，乃至令人尴尬的做法持宽容的态度。对学生主动探索的表现，教师要给予积极评价，让学生获得成功的体验，从而激起他们更强的探索创新的欲望。同时教师还要引导学生求异，让学生懂得不惟书，不惟师，不惟上，不盲从，不迷信，要鼓励学生去怀疑，去超越，去创新。

课堂中，多情境，重技巧——教学过程多创设情境，注重语言技巧，激发学生求知欲望——激发兴趣促创新

著名物理学家杨振宁说："成功的真正秘诀是兴趣。"达尔文因对大自然产生浓厚兴趣而历尽千辛万苦去野外学习和搜集标本；比尔·盖茨因对电脑网络的痴迷最终成为微软公司的总裁。可见浓厚的兴趣能驱使学生去自发地积极思考、观察和研究，从而由内而外地培养自身创新思维，提升自身创新能力。

教师也要树立创新的意识，精心设计教法，采用多种形式激发学生情趣。

以言激趣

政治课的感染力和号召力来自于教师语言的风采，教师如能恰当运用幽默的语言、内涵深刻的经典名言或诗词穿插于教学过程中，则能使学生情趣浓郁，思维活跃。因此，教师在走进教室之前，必须做好充足的准备工作，备课工作要充分、到位。

以喻生趣

由于政治课的概念和原理比较抽象，教师在教学中更要用生动、形象、贴切的比喻，帮助学生分析理解那些抽象难懂的知识，提高学习兴趣。例如，在讲授“非公有制是社会主义市场经济的组成部分”时，可把社会主义市场经济比作“八宝饭”，八宝饭里面糯米是主要成分，但还有红枣和莲子等其他成分。这里有“糯米”就是“公有制经济”，“红枣”和“莲子”就是“非公有制经济”，公有制经济和非公有制经济都是社会主义市场经济的组成部分。这样深奥的道理浅显化，增加了教学的形象性和趣味性，学生的学习兴趣也被激发了出来。

以情激趣

政治课的教学过程，也是对学生进行思想政治教育、开启学生心灵情感的过程。在教学中教师可以凭借思想政治课教材的丰富内容，创设和利用特定的教学情境，或莺歌燕舞、或高亢激奋、或如泣如诉，从而以情激情，以情育情，去激励和感召学生。例如：讲事物发展是前进性与曲折性的统一，通过观看影片《背起爸爸上学》，让同学们感受到求学的艰辛；欣赏歌曲《真心英雄》，结合自己的实际，体会“不经历风雨，怎么见彩虹”，激发学生的求知热情。

全过程，质疑与疑惑并行——师生互动，积极参与共同探究——合作探究促创新

发展创造性思维能力的关键是鼓励和激发学生动脑思考。因此，教学过程中创新能力的培养的关键就在于激发学生的自主质疑。所以，教师在教学活动中应特别爱护和尊重学生的个性，鼓励他们去积极思维，积极地提出自己的问题。

教师在课堂教学中，要鼓励学生质疑求异、大胆创新。陶行知先生说过：“发明千千万，起点是一问。”疑问是思维的火种，有疑问才有思维，经过思维才能诠释解难，有所进取。在教学过程中，教师要尊重学生，相信学生，把学生视作知识的探索者，问题的发现者，矛盾的解决者，调动学生的学习积极性。要把教学的要求转化为学生自身的要求，逐渐使学生依靠自身的力量，去发展自己的创造性思维能力。教师可采用“四允许”的方法，即“允许学生提意见，允许学生讲错改错，允许学生提出与老师与教材不同的见解，允许学生保留自己的观点”。在平时的教学中，引导学生联系社

会热点、思想上的疑点同教学内容中的重点、难点结合起来进行思考，从而发现高质量的问题。教师必须在课堂提问时也讲究提问的质量、提问的启发性，从而给学生以示范性影响。通过一段时间的认真训练，学生就会慢慢地问起来，提问就有质量了。

课堂后，鼓励实践与创新——课堂后增加适当的形式多样的社会实践活动——参与实践促创新

思想政治课的生命力在于理论联系实际，离开了丰富多彩的客观实际，剩下些条条框框的理论，政治课难免枯燥无味。为此，教师要引导学生在学习过程中多联系客观实际，如家庭实际、学校实际、小社区的实际，以至国内外重大时事政治的实际等。教师要启迪学生认真解读生活这本大书，须知创新性思维的最后源泉不在课本中，而在生活实践中。思想政治教学应重视实践的作用，让学生参加社会实践，在社会这个大课堂中发展自己的创造能力。

除去课堂上对于学生创新思维的教育之外，在课堂之后，我们可以适当的布置一些形式多样，但都与促进学生创新能力相关的课后任务，比如说可以让学生整理知识、写小论文、加强对试题的变式训练，通过举例创设情境，开展创造性活动(课堂小品、竞赛、演讲等等)，形成自由、安全的集体气氛，挖掘学生创造潜能。

创新性思维教学策略 /

目前已经有许多创造性思维技术用来培养学生的创造性思维能力，根据吉尔福特的观点，发散性思维包括以下特性：流畅性(产生多种观点的能力)、灵活性(摒弃旧有的习惯思维方法开创不同方向的能力)、独特性(产生不同寻常的反应和不落常规的能力)和精细性(添加细节以完善观念)。在提高学生发散性思维能力的活动中，主要针对提高学生思维的流畅性进行训练。思维流畅性的提高，就能产生更多的观念，产生的观念越多，就越可能获得最好的观念。

关于发散性思维的长期研究得到了许多有价值的发现，也发展出了大量的发散性思维训练方法，以下介绍几种常见的方法。

头脑风暴法

头脑风暴法(brain storming)是美国心理学家奥斯本(Osborn)于1953年提出的一种颇为有效的思维培养技法，它是专门为团体使用而设计的。在头脑风暴法的联系过程中，鼓励参与者要充分地表达思想，不管这个思想看起来是多么奇怪和疯狂。这种方法不仅使学生和教师有更多的机会来提出他们的想法，同时还提高了民主团体中调查和学习的开放性。

基本规则

在进行头脑风暴法时，需遵守一些基本规则。首先，在“思考”期间，要尽可能延迟评价。也就是说，要等到所有的想法被列出来并做出解释后，才对之进行评价性判断。通过推迟评价，能从团体成员中得到更多的答案。其次，鼓励思想交流的自由。想法越多越新奇，能得到的答案就会越好。再次，想法越多越好。提供的建议越多，从中选择一个完美的解答办法的可能性就越大。最后，寻求思想的联系和配合。我们要鼓励团体参与者依靠他人的建议，去修改、编写及使用这些建议以提高解决问题的能力。

头脑风暴法的准备

教师需熟悉头脑风暴法的规则和程序。如果教师要问一个问题，那么在他把这个问题用于课堂之前，首先得在同事之间进行一次探究性试验。教师务必向学生清楚地解释要解答的问题，这样问题就不会模棱两可。教师可以提出他自己的想法。当头脑风暴法的进展速度减慢，回答频率减少时，教师可以提出自己的想法，给予这一过程新的而又有力的能力。同时教师也可以向学生问一些能激发思维的问题，如“怎样把这用于其他的用处？”“怎样改变它？”“这儿可以用什么来代替它？”“一个可供选

择的设置意味着什么?"

头脑风暴法的程序

首先，教师必须认真地对思想或问题做出解释；然后给学生5—15分钟的时间进行"头脑风暴(或震荡)"；其次，用视频法记录思想(或看法)，选一个同学专门做记录，记录者最好不时地通过筛选一些思想或把这些思想用幻灯片或在黑板上呈现出来；最后，对思想和建议进行讨论。

与头脑风暴法相关的其他训练方法

继头脑风暴法以后，又出现了许多在头脑风暴法基础上衍生出来的相关的发散性思维训练方法，比如：

逆头脑风暴法(逆BS法)

该方法是美国"热点"公司开发的。其出发点是认为任何产品都不可能十全十美，总会存在这样那样的缺陷，可以加以改进，提出创新构想。逆头脑风暴法的关键是要具有一种"吹毛求疵"的精神，它十分重视批评，对已有的设想大做文章，通过批评缺点，促进构想的进一步完善。除了重视批评，头脑风暴法的其他原则在逆头脑风暴法中均得到采用。在运用该方法时，教师要注意防止学生只关注缺点或负面东西，避免思维过分局限。

三菱式头脑风暴法(MBS法)

这是日本三菱树脂公司开发的方法。具体做法是：首先，提出主题；其次，每人在纸上写下自己的构想，时间为10分钟；第三，每人轮流发表自己的想法，每人大约提出1—5个想法，主持人记下所有设想，各人可以提出根据其他人的发言，受到启发而产生的新想法；第四，将设想写成正式答案；第五，由主持人将每个人的提案用图解方式写在黑板上，然后进行深入的讨论，以形成最佳方案。

默写式头脑风暴法(635法)

奥斯本(Osborn)头脑风暴法传入德国后，德国创造学家根据德国人的习惯于沉思的性格，进行了改良，创造了默写式头脑风暴法。该方法的步骤是：每次会议6个人，每个人在5分钟内在构想卡片上写出3个想法，故又称为“635法”。会议之始，由主持人宣布主题，即创意活动的目标，并对与会者的疑问做出解释。然后发给每人几张卡片，在每张卡片上标有1、2、3编号，在两个设想之间要留有一定的空隙，可让其他人填写新的设想，字迹必须清楚。在第一个5分钟内，每人针对主题在卡片上写上3个设想，然后传给旁边的人。这样，半小时内可以传6次，一共可以产生108个设想。

检查表技术

检查表技术(check–list technique)也称为提问清单法。所谓检查表是指为了准确地把握创新的目标与方向，既要开拓思路，启发想象力，又要避免泛泛地随意思考而设计的一份系统的问题清单。奥斯本设计出了一种适用于新产品开发的检查表，称为“奥斯本6M法则”。奥斯本认为检查表技术能够提高学生的发散性思维能力。当学生不能迅速产生多个观念时，检查表技术为学生的思考开辟了一个全新的视野。检查表技术包括的主要问题有：替代、组合、调整、放缩、其他用途、简化、重组。

替代

许多新产品、问题的解决办法或多或少是替代的结果，替代就是要求问题解决者自问“我还能使用其他的材料做这项发明吗？”等等。用“替代”进行自我突破的思考方法，人们是早已熟悉的。例如由“金耳环”到“假金耳环”，由“铁桶”到“塑料桶”，由“木板”到“锯木屑胶合板”都是替代的结果。

组合

组合思考策略是讲思考对象的有关部分拆开或合并，设法找到解决问题的新思路与新方法的思维方式。具体的操作方法就是要求问题解决者自问“我怎样才能把各个部分和各种观念结合起来？”“我能把两件物品组合起来变成一件新物品吗？”利用“组合”思考策略可以产生许多新的产品或观念，我们身边的很多日常生活用品

都是组合的产物，例如，放像机和录像机组合成录放机；圆珠笔和水笔组成带笔芯的水笔。小学生喜爱的橡皮铅笔的发明也是典型的组合思路的运用。虽然组合思路产生了众多的创造发明，但并不是在任何情况下都可以采用组合思路。在组合之前，要求学生比较合并后产生的新物品是否具有比原来两个单一产品更大的价值或新的用途，如不符合这一原则就如画蛇添足，适得其反。

调整

在调整过程中，可以通过改变已知的东西来发明新东西或者解决问题。具体方法是要求问题解决者自问“我们能把某个观念、某种产品做轻微的改动，从而有所发明创造吗？”使用这种方法也可以产生许多意想不到的新产品，例如，将蜡烛的形状变为球形，放在玻璃杯中使用显得更漂亮；亨利·丁根将滚柱轴承的滚柱改变为圆球形，发明了滚珠轴承；将平面形镜子改变成各种各样的曲面形，便创造了令人开心的哈哈镜；不计其数的流行服饰也是对老式样改变的基础上产生的。

放缩

放缩法包括了放大和缩小两种策略。放大策略是从扩大、延伸、加粗、叠加、附加等角度扩展思维，也是变异的一种简便方法。钢笔加粗，可写出粗大字体，在许多醒目处(运输包装、简易广告等)采用，被称为“魔术墨水笔”。家用彩电屏幕的放大，使图像、音响等效果更为丰富，早年的14英寸彩电市场上已悄然不见，代之以25英寸、29英寸彩电。

与此相对的是缩小策略，他是从减少、缩短、降低等方面扩展思维。在科学发明中缩小策略也是比比皆是。过去，人们只能在家里或在汽车中用立体声录音机欣赏音乐。有一天，日本索尼公司董事长盛田昭夫在打高尔夫球的时候忽发奇想，要是录音机能做得更小巧，就可以边打球边听音乐了。于是，他立即组织工程师进行技术革新，很快就创造出了便携式录音机，开创了个人娱乐市场的先河。广义的缩减不仅表现在产品的重量或尺寸的缩小，而且还表现在内容的浓缩、结构的简化、重量的减轻，以及种种类似的删减、压缩等，如硕大的工具书(《辞海》、《辞源》、《大百科全书》等)的袖珍本、缩印本等。

其他用途

要求问题解决者自问“现有的发明还有没有其他用途？”“现有的发明能否引入其他场合？”日本一家公司将吹发用的电吹风，用于烘干被褥，结果就发明一种被褥烘干机。由“沙发椅”到“沙发睡床”，由“保温瓶”到“保温杯”，由“激光武器”到“激光打孔器”，运用激光输送信息，选用激光治疗尿道结石的微爆炸技术，都是把一种发明用作其他用途的结果。

删除或忽略

如果所发现的问题本身不值得花费精力去解决，也要大胆删除。要求问题解决者自问“可以删除哪些部分，或者所有的部分都是必不可少的吗？”德国化学家欧立希就是在这种思维的指导下研制出了“606”药的。“606”的前身是“阿托什尔”，这种药可以杀死害人的锥虫，但也可以使人双目失明。由于这种使人失明的副作用，一些研究者放弃了对它的研究，而欧立希则运用忽略思路，找到了改变药品化学结构的巧妙方法，消除了副作用，成功地研制出挽救患者生命的“606”。

重新组织

重新安排、更换位置通常会带来许多创造性设想。具体的方法是思考解题方案时自问“我可以采用不同顺序吗？”“怎样才能把各个部分组织起来？”“如果我把它翻转会成什么样子？”重新组织往往会带来意外的收获，例如，飞机诞生的初期，螺旋桨在头部，后来装到了顶部，便成了直升机；火箭是向空中发射的，将火箭改为向地下发射，就发明了一种探底火箭。

检查表技术是根据需要解决的问题，或者需要创造发明的对象，列出有关的问题，然后一个个来核对讨论，从中获得解决问题的办法和创造发明的设想。它是一种能够大量开发创造性设想，进行自我突破的创造技法。教师在实施检查表技术的时候要注意学生的年龄差异。由于检查表问题繁多复杂，对于低年级的学生来说，一次只能讲授一两种策略，而且要注意把每一种策略和学生的生活实践结合起来，要求

学生想出通过采用这些策略能形成什么新产品或新观念。学生可以通过杂志寻找卡通、广告或产品中的例子来运用以上各种策略。另外，也是最重要的一点，检查表技术要求学生随时随地在需要的时候都能使用，而不是坐在那里等待观念产生。例如，为了能给低年级学生自然课上更清楚展示芹菜茎的结构，就把彩色颜料灌进芹菜茎内。就可以使用检查表技术来改良实验。如学生可以问一系列问题"还有哪些植物可以采用这种方法？""灌了彩色颜料后，芹菜还能成活吗？""还可以用哪些液体灌进去？""不同液体的渗透程度是否存在差异？""颜色渗透到芹菜的大茎和小茎中是否没有差别？""用根代替茎，行吗？""把芹菜翻转后，效果还是一样的吗？""如果在芹菜茎上挖了洞，会有什么后果？"等等。

高年级学生可以使用相同的策略解决更难的问题。在教老鼠走迷宫的实验中，学生也可以提出一系列问题，例如"迷宫的材料和形状会影响老鼠的学习速度吗？""我可以用其他变量(如食物的营养丰富与否、噪音强度、社会互动)来研究这个问题吗？""迷宫的高度和宽度会影响学习进度吗？""如果在老鼠学会以后，翻转迷宫，老鼠还能走出去吗？""迷宫还可以用于哪些实验中？""人类学走迷宫和老鼠学走迷宫有差别吗？"

各种新奇的发明和实验都可以采用检查表技术来设计。同样，检查表技术也可以用于改编故事情节，使故事更离奇，更有可读性。在三维艺术中也可以产生新奇的观念，同时也能解决家庭或学校、班级中许多现实的问题。检查表技术使学生无论何时都能产生新观念或改良已有的观念。

属性列举法

由克劳福德(Crawford)提出的属性列举法也称为分布改变法。具体做法是列举所研究物品的各种属性，然后提出改进属性的办法，使改善的特性随机组合，从而使物品产生新用途。该方法的优点在于能保证对问题的所有方面作全面的分析研究。属性列举法具体可以分为缺点列举法、希望列举法和特性列举法。在运用该法时，对创意对象的特性分析得越详细越好，尽量从多角度提出问题和解决问题。该法既适合于个人使用，也适合于集体使用。

缺点列举法

缺点列举法是通过对事物或对象的缺陷一一列举，从而找出改革或创意方案，使之更臻完美的创意方法。例如，有人发现菠萝罐头在打开时很不方便，即发现了这个产品的缺点，便开始想办法，他在盖子上压一圈铁丝，在开罐头时，只要一拉铁丝，盖面就打开了，这就是我们现在使用的易拉罐，由于使用方便，现在已经得到广泛的使用。

希望列举法

希望列举法就是对所研究的物品提出一系列希望，愈多愈好，愈新奇愈好，经过归纳，找出最优的希望点进行创意设计的方法。该法不像缺点列举法那样受原物的束缚，想象的自由空间更大，审美标准高，是一种积极、主动性的创意方法。例如，为了使用方便，钢笔由一用改为两用(既是钢笔，又是圆珠笔)；由一色改为多色；为了适应人体的形态，服装改成可伸可缩的；为了携带方便，茶杯形状改革，使其可长可短。

特性列举法

特性列举法是指把产品的特性一一列举出来，进行改革，设计新产品，从而提高使用价值。例如，单功能圆规改革成用两脚画圆，用一个脚侧面画直线的多功能圆规。有一种鸣笛水壶，也是按这一思路创意成功的：把蒸汽口设在水壶口，水烧开后自动鸣笛；水壶盖上不留孔，提壶时就不会烫手；水壶外壳是倒过来冲压成型，焊上壶底，外形美观，还可以节省能源。

在使用属性列举法时，要求学生通过学习，改善身边的物品，使之更能满足我们的需要。因此，首先要教学生识别物品的属性，然后着手考虑改变每一个属性，以产生

新物品。学生可以先在作业本上用纸笔思考，计划成熟后，再进行实物操作。

属性列举法在改变故事时也经常使用。例如，学生掌握了故事的基本要素(人物、背景、情节等)后，他们就不仅能分析故事，还能使用该策略产生新故事。具体做法如下：教师事先列出10个人物，10种背景，主人公所遭遇到的10种困难，10个援助方法。由此可以组合成各种各样的故事，要求学生根据他家电话号码最后4位数，来创造一个新故事。也就是说，如果我家电话号码后4位是0263，我就要用第10个主人公，第2种背景，第6种困难，第3种援助方法。

属性列举法能产生荒诞的人物角色、新发明、新产品，从而形成创造性写作的基础。教师可以要求低年级的学生把不同动物的头、身体和尾巴，组合成一种新动物。高年级的学生可以用相同的方法创造超人。超人是生活在特殊背景下的(如火星)，要求学生列举火星的属性，然后考察能在火星上生存的生物应该具备哪些属性，从而创作一篇科幻小说。总之，教师要启发学生从自己的周围开始观察，寻找属性，设法改进，这样思路打开了，以前的东西便成为新产品的创造基础。

形态分析组合法

形态分析组合法也称为形态分析法，基本思路如下：几个事物的新颖程度与它们之间的相关程度成反比，事物(观念、要素)越不相关，创造性程度越高，即更容易产生更新的事物。具体步骤是：将发明课题分解为若干相互独立的基本因素，找出实现每个因素功能所要求的可能的技术手段或形态，制作成方格然后加以排列组合，得到多种解决问题的方案，最后筛选出最优方案。如学生想创作一种新动物，他先制作方格，把动物的头罗列在纵轴上，把动物的身体罗列在横轴上，每一个小方格就代表了头和身体的一种组合。学生可以选择自己喜欢的组合，也可以随机选择。如果学生想把长颈鹿的头放在猪身上，他就要在相应的横轴和纵轴上找到长颈鹿和猪对应的位置。

/ 教师科研能力创新的培养

21世纪世界的竞争就是人才的竞争，而要培养创新人才，关键在于教师。教师是科学文化知识的传播者，是精神文明的建设者，是人类灵魂的工程师。要培养高素质的创新人才，我们广大的教师应当不遗余力地探索、研究适合社会发展、适合学生身心发展特点的行之有效的创新教育体系。教师在创新方面要成为学生的表率。应当比学生有更强的创新意识、创新思维和创新能力，这就要求我们的教师必须具备教育科研能力，逐渐由教书匠向教育家位移。

教育科研能力是一种高级的、来源于教育实践而又有所超越和升华的创新能力。具体指教师应当具有扎实的教育学、心理学的理论知识和方法论知识，具有收集利用文献资料、开发和处理信息的能力，具有较好的文字表达能力，具有开拓精神、理论勇气、严谨的治学作风以及执着的奉献精神等。

党和政府已提出把我国建设成为创新型国家的战略目标，高校作为人才培养和科技创新的组织在其中理应承担更大的责任。高校青年教师作为高校教师群体中的一部分，对其科研创新能力进行开发，有助于提高其科技创新能力，也有助于提高其培养创新型人才的能力。青年教师精力充沛、思想开阔、积极上进，对他们的科研创新能力进行及时有效的开发，对于夯实国家的创新基础，保证我国创新事业的可持续发展都有重大意义。

高校科研创新群体由老、中、青年教师组成，这三个年龄群体比例适宜、素质合理，是高校科研工作可持续发展的基础。高校中的一些院所之所以出现教师人才短缺或青黄不接的不正常现象，往往是因为不重视青年教师科研创新能力开发的结果。加强对青年教师从事科研创新活动的教育、引导和帮扶工作，为其创造良好的物质与精神环境，无疑能使青年教师更安心于教学科研工作，不断提高其研究能力。因此，重视和加强青年教师的科研创新能力开发是实现高校科研创新梯队合理生成、可持续发展的正确选择。

教学是高校的生命，科研则是高校的灵魂，这两者是相辅相成、缺一不可的。作为一名高校教师应完成好教学和科研两项工作，并使二者相互促进、相得益彰。但由于科研工作的高投入性等特征，一些高校教师对科研工作有一定程度的畏难心理，从而舍科研而就教学；不少高校青年教师更是由于其自身科研基础较为薄弱等原因而对科研工作敬而远之，偏教学而轻科研，教学的深度、广度及启发性难以达到应有的水平。所以教学应有科研的支撑，而科研可以在教学中得到展现、受到启发，加强高校青年教师科研创新能力的开发工作，是不断提升其教学水平与科研水平，使其良性互动的重要举措。

最后，从教师自身的发展来说。教师具备教育科研能力不仅可以丰富和发展教育理论，而具有时代对广大教师的要求。传统教育观认为教师的职责就是“传道、授业、解惑”，因此以传授知识为主的传统教育模式造就了许多传授型的教师。为深化教育改革，全面实施素质教育，培养学生的创新精神和实践能力，社会对教师的素质提出了新的要求。我们的教师必须是科研型的教师，必须具备高水平的教育科研能力，否则无法实施这个变革。根据长期的理论和实证研究，我们发现教师参与教育科研活动有以下优点：一是可以提高教师工作的责任感、二是可以纠正教师头脑中的一些陈旧观念，形成新观念、三是可以形成自己对教学活动的自觉意识，从而娴熟地运用教育规律去教书育人。

/ 教师的科研创新 /

教师教育科研促进教学能力的发展 /

“教育”是对象，是基点，其根本的出发点和落脚点是关于人的发展的教育。科学，是一种价值取向，一种做事理念；研究，就是钻研、探究。科学研究工作具有两大基本属性：一是知识创新，二是技术创新。科学和研究应服从和服务于教育这个基点。教育科学研究就是本着科学的精神去探求关于人的发展的教育之本。

教育科研的内涵和本质决定了，它是促进教师教学能力发展的必然途径。因为在从事科研的活动中，教师的学习、研究、创新以及实践等方面的能力均能得到培养、训练和提高，而这些能力又会转化为教师完善知识结构及知识更新能力、创新教学方法的能力、培养学生终身学习的能力等，继而提高了教师的教学能力。许多专家学者指出提升与发展教师教学能力的主要措施包括：不断丰富和更新教师的知识，完善教师的知识结构，加强教育理论和现代教育技术的学习，调动教师的科研积极性，强化教学研究能力，这些无疑都可以通过教育科研活动来实现。大量实践也证明，在大学里，没有科研，就很难产生名师，教学水平也就很难提高；反之，有科研成果教师的教学效果、教学内容、教学方法的评价均高于无科研成果的教师。可见，教师的科研能力能够迁移为教学能力。

从对教学能力和教育科研的认识出发，教育科研主要促进教师以下四方面教学能力的发展：

提高完善知识结构、更新知识的能力

成人高校教学过程不能被视为简单的知识传递和再现，教师必须结合成人学生特点和社会需求对所授知识进行再造和更新，如果没有学习和领会所授学科在科技、文化领域的最新成果，很难培养出社会需求的人才，也无法高质量地完成自己所承担的教学任务。教育科学研究则是教师自我完善与发展的过程，通过科研工作，教师能够更好地了解本学科在国内外发展的趋势，了解本专业的最新研究成果，促进自我知识结构更新和知识体系的充实，以及加强对知识前沿的把握和学科知识的理解。由此，教师可以弥补书本和时代要求之间出现的知识断层，丰富自己的教学内容，在讲

授中能根据自己的切身体会，把这些新知识贯穿到课堂教学之中，进而增进学生对新技术的了解，扩大学生的知识面，开拓学生的视野，提高学生的学习兴趣，并最终提高教学质量。没有科研的支撑作用，教师便不能对学科的前沿、动态有及时和深入的掌握，往往沦为呆板的传授知识的教书匠，这是不适应时代发展需要的。

提高教学方法创新的能力

教育科研有利于提高教师教学方法创新的能力。教师通过参加科研实践，在理论学习的基础上，结合成人高校学生的特点和本学科的特点，以超越经验做法的视野重新审视自己的教学实践，就会在备课和授课时发现或领悟某种教学方式不合时宜甚至过时了，那他就可以通过科研创新去探索、去掌握本学科教学中的许多教学规律和教学艺术，去思考培养应用型创新人才的有效途径，进而提出一些更有利于学生接受的教学方式。当今科学技术日新月异，如果教师没有对现代科学技术和文化的学习及研究，便不可能有高水平的教学，比如对网络信息的收集、多媒体技术的运用，这些都需要有科研能力的支撑。

提高驾驭学科内容的能力

驾驭学科内容的能力是指成人高校教师对所授学科的内容能够从整体上把握，并能够根据情况灵活地处理使用教材，使教材为学科教学目标服务的能力。它包括具备本学科的广博的专业知识的能力、理论联系实际的能力、跟随追踪所授学科发展前沿的能力、评价所授学科的能力及学科联系的能力等。这些能力均可以通过从事教育科研而获得。从事教育科学研究的教师肯定要学习理论、要了解信息、要对同类研究进行文献查询，在此过程中，教师可以获得具有先进性、科学性的知识，开阔思路、学习别人的经验，加深对本专业本学科的理解和认识，进而提高从整体上把握所授学科的内容、科学地组织教学内容和理论联系实际的能力，使所讲授的课程显得生动、具体、适度而富于吸引力，从而顺利地实现本学科的教学目标。任课教师如缺乏科研背景，上课照本宣科地叙述教材内容，学生会感到非常枯燥乏味，课堂教学也难以达到预期效果。

提高培养学生终身学习的能力

1998年联合国教科文组织在《21世纪的高等教育：展望和行动世界宣言》中明确指出，21世纪高校教师不应仅仅传授知识，而必须把重点放在教会学生如何学习、如何发挥主动精神上。当今社会知识更新速度显著加快，在大学阶段学的知识毕业后就可能已发生新的变化，有不少毕业生反馈的信息是在大学期间所学的知识在工作中根本用不上。为了改变这一现状，让学生能够不断适应社会的发展，成人高校教师应具备培养学生终身学习的能力。所谓培养学生终身学习的能力，就是成人高校教师要着意培养学生获取知识的能力，教给学生获取所学学科专业知识的有效工具和信息渠道。学生带着这个工具，不论是在校期间还是毕业后，都能在自己所学的专业领域开拓创新，适应社会发展。这就要求教师首先应该是一个合格的研究者和学习者，能够用自己的研究经历教育学生具有严谨的科学态度，教给他们收集资料、查阅文献、发表自身观点的方法和思路，教会他们如何学习、思考、创新和实践，并以教师在科研活动中表现出来的敬业精神、创新意识、强烈的进取心来影响学生。

教师科研与科技创新的关系 ／

教师科研素质是科技创新的源泉

教师科研素质是培养科技创新人才的基础

教师的科研素质，是指教师从事科研工作所必需的知识储备、学术品格和思维方式等的总和，是一种本质上的自我创新能力。培养创新人才任务的具体承担者是教师，师资队伍的科技创新能力和水平、创新意识和素质，直接决定着教师培养创新人才的实际能力。“打铁全凭自身硬”，教师只有具备过硬的科研素质，才能通过言传身

教，完成“传道、授业、解惑”的任务，才能训练学生的创新技能、思维方式等，才能培养出社会需要的创新人才。

高校教师是科技创新的生力军

教师的科研素质决定科技创新的能力，高校是进行科研活动的一个主要场所，是国家创新体系的重要环节。2001年，中国高校从事科技活动的人员已达28．6万人，共有两院院士450人，占全国院士总人数的33%；获得国家杰出青年基金的有640人，占总人数的65%；获得基础研究优秀创新群体20个，占资助总数的60%；“十五”期间“863计划”选聘高校专家121名，占总数的48．4%；“973”项目高校首席科学家45人，占总数的40%。2001年全国高校共承担国家自然科学基金项目的76%，重点项目的56%；发表SCI论文量占《SCI》收录我国论文总数的近70%，发表EI论文占75%以上。高校获国家三大奖达到80项，其中获得国家自然科学奖数量的50%，技术发明奖的66%，科技进步奖的46%(以上数据来源于2005年9月30日《中国教育报》第3版)。这些数字说明：高校教师已成为我国科技创新的生力军。

科技创新是提高教师科研素质的重要途径

首先，科技创新必然会促进教师不断获取新知识，及时了解本领域的最新科技成果，使自己处于科学发展的前沿。其次，科技创新必然会促使教师具有“扬弃”的批判学术品格，因为科技创新是在对已有的科研成果进行批判的基础上进行的。第三，通过科技创新，可以发展和丰富教师科学的思维方法，因为科技创新的过程是根据表象的材料、数据和实验等，进行思维加工，凝练出一般理论和普遍原则，进而提出具有创新意义的新观点的过程。教师进行科技创新，就是集聚从事科研工作所必需的知识储备，并对已存在的理论和方法进行凝聚、升华，再从自己研究的思维方式出发，提出科学上的新发现和技术上的新发明，这是提高教师的科研素质的重要途径。

/ 教师科研创新能力的培养 /

影响教师科研创新能力发挥的主要原因 /

科研素质和能力的培养缺位

高校近年来加大了人才引进力度，但由于后期培养工作并没有及时跟上，导致高校青年教师队伍的整体科研素质较差，普遍存在科研能力偏弱，创新意识不强的倾向。不能正确理解和认识自身的科研角色。部分教师认为教学易、科研难，不想搞科研；自己水平低、能力差，不能搞科研；担子重、时间紧，无法搞科研；科研周期长、见效慢，无心搞科研。在研究生学习阶段按部就班地开展实验研究，缺乏主观能动性。毕业进入高校后，面对全新的环境，一时难以确立自己的学科研究方向，感到无所适从。

知识结构和学缘结构不够合理

长期以来，高校引进的教师来源比较单一，"近亲繁殖"现象比较严重。由于就业形势的严峻，许多新进教师是"垂直教育体系"培养出来的，即本科、硕士、博士、博士后都是同一个专业连着就读，更有甚者，上述各个学历阶段都是在同一个学校，甚至在同一个导师名下，最后留校工作。这种个人倾向明显的知识结构和狭隘的学缘结构培养出来的"精英人才"在一定程度上影响到青年教师的创新能力。

对外交流匮乏

当今的时代，是知识和信息的时代，人与人之间，人与社会之间，人与国际之间的交流与沟通就显得尤其重要，往往看似一次简单的交流对话，常常可以成就一次机会，带来的却是开阔的视野和全新的思想。高校青年教师由于资历、经费或者所处的

工作环境，很难享有这样的机会。长此下去，知识的落伍，观念的陈旧在所难免。

教学任务繁重

近年来，随着高等教育规模的不断扩大，许多青年教师加入到高校的教学岗位，并成为了高校教学的主力。青年教师一方面要参加岗位培训和日常的各种常规培训，另一方面又得花大量的时间和精力制作课件，这样一来，繁重的教学任务和无休止的培训极大地制约了青年教师科研能力的发展，使得他们很难抽得出时间静下心来关注学科前沿、从事科研，更不用说将自己的科研成果融入自己的教学当中了。

科研上“无家可归”

目前，高校科研组织工作还很薄弱，很多科研人员各自为政，单干为主，缺乏合作精神，更谈不上跨学科的综合研究。对于刚刚来校工作的青年教师，科研上“无家可归”，找不到队伍，只好自己孤军作战。这也造成了一种现象，很多毕业的研究生更愿意选择留在自己导师的身边，起码在科研条件上不需要他们操心。一旦选择离开，来到一个新环境完全是白手起家，小到一支试管，大到成百上千万的仪器都得靠自己去慢慢争取，去创造。

管理体制不完善

管理体制不利于激发创新能力。为了最大限度调动教师工作的潜力和积极性，许多高校都实行了工作量制度，以量化指标规定了教师教学、科研等任务，并直接与教师的奖金、职称评定等切身利益相挂钩。从实施的情况来看，教师工作量制在客观上确实比较充分地调动了教师工作的积极性，解决了学校师资不足的瓶颈，提高了教师的经济收入。但是，这些制度由于其本身的不完善和执行过程中的偏差，也产生了一定的负效应。如科研激励机制注重以教师的科研成果产出量(如发表论文、出版专著、教材的数量)为考核标准，进行量化考核，并将考核结果与津贴、奖金、职称晋升等个人利益直接挂钩。这种科研管理机制,确使高校的科研论文数量有了较大幅度增加,但缺乏具有重大前沿价值的高水平科研创新性成果,高校科研成果表面上一片繁荣景象,但在国际上或国内学术前沿领域具有重大影响力的成果则寥若晨星。在这种考核机制下,教师的实际科研水平和科研创新能力令人堪忧。

教师科研创新能力的培养 ／

教师要转变观念，树立和增强从事科学研究的意识和自觉性

多年来，在教育实践中我们面临的最主要的问题还不是教师能否从事教育科学研究的问题，而是绝大多数教师缺乏进行教育科研的意识。他们怕改革、怕影响升学率、怕家长抱怨，因而被迫或自愿地沉睡在古老的教育模式之中，年复一年日复一日，靠苦干、加班、超负荷地工作以换取升学率。而有些教师头脑中则存在这样一些错误的观念和意识，诸如“教育科研神秘观”，即把教育科研神秘化，认为搞科研只是教育理论工作者和教育专家的事，是高深莫测、很难做的工作；“教育科研无用论”，认为教师的任务就是教书，无需搞科研，搞科研是额外负担；有些人则把教育科研简单化，认为能写出文章、发表文章就是搞科研等，这就进一步削弱了教师的研究意识和研究能力。因此我们必须通过宣传教育科研的重要性，使教师形成一个观念上的转变，从而树立全新意识，也就是：教师是教育科研的主力军，从事教育科研是每一位教师分内的工作；仅仅会教课而不会教育研究的教师，不是新时期的合格教师。

青年教师需要掌握一些科研的基本方法

青年教师既缺少科研经验，又缺少社会关系，与中老年教师相比，青年教师自己单独联系到一个企业、接到一个项目是有困难的，青年教师也很难独立申报成功一个科研课题。所以青年教师可以带领大学生参加一些小发明、小革新竞赛等等。这样可

以比较有效地激发青年教师搞科研的热情，树立搞好科研的信心。搞科研不仅需要专业知识和研究能力，更需要团队合作精神，交流沟通能力以及项目推销的能力。从社会需求看，目前最稀缺的人才就是既有科研能力又有综合组织能力的人才。作为青年教师要防止闭门造车，要努力走出象牙塔，抓住机会广泛接触学校、企业、政府、社会等各方面的科技人员，获取信息，锻炼才干。

推行交叉课程学习，提升科研创新能力

21世纪是以高层次的知识融合和多学科的技术汇聚为特征的时代，不同学科间交叉、融合将会更加广泛。高校特别是综合性大学要运用学科门类齐全、综合性优势突出的有利条件，在校内积极组织青年教师跨学科课程交叉学习，进一步拓展学科思维，开阔研究视野，防止观念老化和知识技术趋于陈旧。通过在中青年教师中推行交叉学习计划，对于开展学科间交流，拓宽学科交叉思维，促进学术创新，产生交叉成果，对培养创新型人才，打造创新型队伍，建设创新型大学都有着重要意义。

构建资源共享平台，加速创新团队建设

良好的科研环境是青年教师科研能力提高的土壤，青年教师是高校发展的基础和生力军，青年教师科研能力的提高关系到学校教学水平的提高，高校要努力创造良好的科研条件，搭建以交叉学科研究为重点的资源共享平台，实现科研基础条件和科研资源的共享。建设创新团队，为学术创新提供强有力的组织保障。依靠群体的共同奋斗求得科研的持久发展，是现代科技人员取得成功的最为重要的条件保障。脱离团队孤军奋战，在竞争激烈的今天，必然会付出巨大的代价，甚至可能失败，尤其很难在科研立项申请中获得成功(因为科研立项强调团队合作精神)，这样就很难在科研中继续发展；没有科研立项，就会使教师在原来的科研水平上停滞不前，不仅在教学中难以有具体、生动、形象的创新内容，也不利于教师自身的发展。因此，建设创新团队，就需要鼓励广大教师确立协同攻关的观念,积极加入到团队中去,借助交流,提高创新信息的传递质量,在互动中及时掌握学术前沿的发展动态,抢占学术的制高点。

开展科研培训,确保教师开展科研的科学性、有效性

创新能力是一种来自扎实基础和站在学术前沿的高端能力。教师有了科研的积极性,更要有科研的能力。要做到重点培养与全面提高相结合,根据对象的不同层次开展培训,并注意内容的针对性,方法的灵活性,手段的多样性,效果的实在性。管理部门可以采取讲座、学术会议、研讨会、进修研究等多种形式,并开辟多种渠道,为广大教师提供高质量的学术启发和科研指导,促进教师们自身科研素质和能力的快速提高;加强国内外学术交流与合作,利用外部资源提升教师自主创新能力是加快科研发展的重要渠道。因此,要积极创造条件,争取开展跨学科、跨学校、跨国界的学术交流与合作研究。鼓励和支持承办全国性和国际性学术会议,通过"走出去,请进来"等多种途径,主动与国内外高校和研究机构建立学术联系,拓展国内、国际合作研究的空间。

营造关心、支持青年教师搞科研的氛围

青年教师是学校发展的未来,青年教师科研创新的能力直接关系到学校综合实力的提升。学校应大力营造鼓励青年教师积极参与科研的浓厚氛围,科学合理地组织科研小组或课题组,充分发挥中老年教师在科研中的经验和传、帮、带作用。学校要加大对青年教师搞科研的投入,要充分认识到科研对于教学的巨大促进作用。应该把教学作为立校之本,把科研作为强校之路的发展思路,较大幅度地增加科研投入,并建立起科研激励机制,把教师科研任务的完成情况作为教师年度考核的重要内容,并逐步加大对科研成果的奖励力度,从而有效地推动科研工作。学校要进行政策引导,建立健全考评制度,鼓励青年教师开展科研创新,建立一套科学合理的教师年度

考核标准及奖惩制度，采取定性与定量相结合的方法，客观、公正地评价教师的科研能力，并将考评结果与职称聘任、住房分配、个人收入等挂钩，奖优罚劣。

做好科研成果鉴定评价和应用工作

教师科研成果鉴定评价是对科研成果的价值、效益及科研工作完成情况等进行的客观的、公开、公正、全面的科学判断和评价。鉴定评价的内容一般上要包括科学价值、技术价值、经济价值、社会效益、工作效率等方面。科学价值，主要指科研成果的创新程度，是否提出了新概念、新思想、新假说、新理论等，在当代科学发展中所达到的高度和学术上的造诣以及在学术上的指导意义和影响。技术价值，主要指科学技术研究成果技术水平的先进程度、实用效果和可靠性程度以及推广应用潜力的大小。经济价值，主要指使用科研成果而新增利润、降低成本和原材料消耗、提高成品率、提高工作效率及投资回收期等。社会效益，主要为科研成果所解决的问题对社会的重要程度及其对社会公益事业，如环境保护、公共安全、劳动保护、促进科学技术进步等方面影响的大小。工作效率主要是科研成果研究工作的难易程度、工作量大小、研究工作计划完成的好坏以及研究中人、财、物投入量的合理性等。据统计，每年国家的数万项科研成果中，有相当比例的成果无实际价值，形成了大量的“科研成果泡沫”，这些泡沫既影响了科研水平的提高，又影响了科研成果转化为生产力，在实际工作中因为对科研成果鉴定评价偏颇或失误造成的教训是很多的。学校要做好对科研成果的鉴定工作，在组织机构、鉴定评价标准，鉴定评价程序、鉴定评价方式方法等方面，都要进行改革，要打破原来的条条框框，与时俱进，适应科学和社会的进步。

教师科研创新的一般步骤 ／

有人说，搞教育科研很枯燥，其实并不是这样，如果你掌握了教育科研的方法，你就会感到研究过程本身是充满乐趣的。这里主要介绍教育科研的步骤及常用的几种方法。

教育科研的第一阶段是选课题，即提出问题、发现问题

爱因斯坦说：“提出一个问题往往比解决一个问题更重要，因为解决一个问题也许仅仅是一个数学上的或实验上的技能而已，而提出一个新问题则需要创造性的想象力。”对教师而言，科研课题的来源主要有两方面：一是课题指南和信息指南；二是本校教育实践中急需解决的问题。后者是主要来源，也是我们研究的重点。教育科研不排除抽象的纯理论研究，但对于教师来说，应侧重与现实生活密切相关的、有实用价值的课题。这样既可扬其实践经验丰富之特长，避其理论功底不足之短，又可以使研究直接服务于教学现实需要。当前教师科研课题的研究内容应该主要涉及以下内容：创新教育观念、创新教学模式、创新各科教学、现代教育技术的运用、学生心理健康的指导、班主任工作等。

教育科研的第二个阶段是查阅文献资料，进行课题论证

查阅文献资料一是了解前人或他人在这一领域的研究现状，二是获得更多的教育理论知识，在查阅资料的基础上要进行课题论证。课题论证是有组织地、系统地鉴别研究的价值，分析研究条件，完善研究方案的评价活动，包括以下内容：

1.主题目的：为什么选这个题目？通过这项研究达到什么目的；

2.课题的价值：所选课题的意义、作用、理论依据，国内外在这一领域的研究现状等；

3.研究的可行性分析：包括自己的优势及经费的预算等；

4.包括研究的主要内容、步骤的设计、采用的方法和研究对象的选择等。

教育科研的第三个阶段是具体实施，即严格按照方案进行

在具体实施的阶段，主要采用的科研方法有调查法、观察法、实验法和行动研究

法等。限于篇幅，在这里主要说说调查法与行动研究法。调查法是指在教育理论指导下以家访座谈、设计问卷、批改作文、日记等方式收集研究对象的客观资料进行整理分析，从中得出规律性结论的方法。调查法的研究设计主要包括：

1.研究目的、背景、意义；

2.研究方式（是问卷、访谈还是成品分析）；

3.研究对象或抽样情况；

4.设计指标体系、（这是中心环节，指标体系的设计必须是科学的、有教育理论依据的）；

5.设计问卷的访谈提纲，这一工作也有很强的科学性，具体参考教育科研书籍；

6.结果的整理、分析，即写出调查报告。调查法简便易行，信息量大，真实性强，最有使用价值，深受教师欢迎。

另一种方法是行动研究法，它是一种由科研工作者和教师共同参与，谋求在工作环境中当前问题解决、评价和改正行动过程的研究方法。它重在解决实际问题，因此必须与实际的教育教学工作密切结合起来，切不可为研究而研究。行动研究法的实施步骤是：发现问题、分析问题、制订计划、开始行动、进行评价，即对行动的效果进行评价，如果可行有效即可整理资料撰写论文；如果计划方案有不妥，应立即修正计划、改正行动，直到可行有效。就目前而言，我们广大的教师参与的教育教学研究，从严格意义上说，都是行动研究，也有的人称之为“试验”。可以说，行动研究法已成为广大教师参与教育研究的主要方式。

教育科研的第四个阶段是整理分析研究资料，撰写科研报告和科研论文

科研报告或科研论文就是把科学研究的全过程以及取得的成果用文字完整地表述出来。科研报告或论文的撰写不一定要遵照某种固定的格式，但一定要包括以下这些内容：

1.研究目的；

2.研究的对象或抽样；

3.采用的方法；

4.研究的经过；

5.材料的归类、整理；

6.结论；

7.建议、设想或体会等。

中国留学生学习成绩往往比一起学习的美国学生好得多，然而十年以后，科研成果却比人家少得多，原因就在于美国学生思维活跃，动手能力和创造精神强。

——杨振宁

学生创新性的培养

一 教师自身创新意识对学生创新意识的带动作用

21世纪的竞争是人才的竞争，人才的培养靠教育。高校作为培养21世纪合格人才的前沿阵地，所肩负的责任尤为重大。而作为培养人才的人——高校教师，其整体素质如何则是能否完成这一伟大使命的关键。当然，现代教育对高校教师素质的要求是多方面的，但在知识经济时代，培养高校教师的创造精神和创新意识是使学生不惧怕权威、敢于开拓、富于创造的重要保证。同时教育在培养民族创新精神和培养创新型人才方面肩负着特殊的使命，而教师则是完成这一神圣使命的重要载体。

大量研究表明，教师是否具有创新能力与学生的创新能力高低密切相关。例如，托兰斯的研究发现，教师在创造性动机测验中的成绩与学生的创造性写作能力之间存在一定的正相关；具有高创造成果的学生对不寻常的和以独创性为前提的教师和教学方法深感兴趣。

教师在一种支持性的环境下，运用创新思维的策略，才能有效激发学生创新的动机。国外有很多学者开展了有关创造性教学的研究：纽约州立大学巴法罗分校开始从事系统的

创造性教学研究；托兰斯在佐治亚大学应用多种创造方法来发展儿童的创造技能；犹他大学的卡尔文·泰勒与其助手设计了以学生为中心的发展多种才能的教学法等等。所以创新时代的创新型教师要破“授人以鱼”的观念，立“教人以渔”的观念；破“单纯以分取人”的观念，立全面考查创新能力的观念；破“固步自封”的小国寡民教育观，立开放办学的国际化大教育观。

培养创造性人才，需要有很强创新意识和创新能力的教师。而创新教育在对教师要求上，不再满足于“传道、授业、解惑”的传统功能和作用，而要求教师能在学生创新教育的过程中起引导和示范作用。“在某种意义上可以说，只有创新型的教师才能实施创新教育，才能培养出创新型的学生。因此，教师自身必须具备较强的创新意识和较强的创新能力，才能从自己的创新实践中发现创新能力形成发展的规律，为创新教育提供最直接、最深刻的体验。自觉地将知识传授与创新思维的闪光点，多层次、多角度地培养学生的创新精神和创新能力。我国著名教育家梅贻琦先生说过，“大学者，非大楼之谓也，乃大师之谓也”。对学生的知识传授、能力培养和素质提高，都需要教师精心培养和正确指导。所以，要培养学生的创新能力，就必须要有一支创新型教师队伍。

/ 教师的创新意识 /

培养具有创新意识教师是十分重要的 /

江泽民同志曾指出:创新是一个民族进步的灵魂。一个民族要有所发展,要不断前进,就必须敢于走新路,走有自己特色的道路,而不能只是按部就班、跟在别人后面小心翼翼、亦步亦趋。这就需要培养出一大批不惧怕权威、敢于开拓、富于创造性的创造型人才。只有具有创造性的人才，才能在根本上改观目前的思维模式、从根本上建设具有创新精神的和谐社会。那么,培养创造型人才的培养者——高校教师，自身就必须具备创造精神和创新意识。很难想象一个唯唯诺诺、循规蹈矩、照本宣科的高校教师会培养出思维活跃、敢于突破、富有创造力的学生来。因此,只有自身具有创造精神和创新意识的教师才能用自己的思想、自身的行动潜移默化地影响学生,更好地培养学生的创造力。

从人才成长规律看,具有创新意识的教师是创造型人才成长的助产士和催生剂

试想一下如果一位教师没有创新意识, 他做事、授课、教育学生都是老一套, 那么跟着他学习的学生会什么样?他一定会和老师学习, 一样处事, 一样对待问题。教育界一直有一句老话, 要想给学生一杯水, 那么老师一定要有一桶水, 甚至是拥有一个水的源头, 而老师没有, 学生哪里会有?所以这就要求作为教师, 一定要有创新意识, 从而教育培养学生的创新意识。教师要"授人以渔", 而不是"授人以鱼", 这就要求教师有创新意识, 从而教学内容、教学方法, 都会有创造力, 进而培养学生的创造力。俗话说:"名师出高徒。"从我国数学家熊庆来、华罗庚、陈景润,到苏步青、谷超豪、李大潜,再到培养出17位诺贝尔奖获得者的卡文迪斯实验室教授汤姆森和卢瑟福都证明了这一点。这里所说的"名师",一定是具有创新意识的教师。学生跟随这样的教师学习不只是学习他们已掌握的知识,更是学习他们的治学方法、知识结构。教师的教诲相当于助产士和催生剂,经过学生自己的努力,才会生产出聪明伶俐的婴儿。

从教育学的角度看,启发式教学要求教师要有创新意识

在传统的课堂教学中,教师照本宣科满堂灌的"填鸭式"教学方法压抑了学生创造力的发展,培养出来的学生只能是高分低能,在实际问题面前虽有满腹经纶却也束手无策。实际上,在教学双边活动中,教师起主导作用,学生占主体地位,一个教学活动的过程只有在师生共同努力、相互配合下才能完成。在这里,教师的"导"不是"给人鱼",而是要"授人渔",这就要求教师首先把教给学生的知识真正变成是自己的,再把

内化了的知识,即已成为自己的想法和见解的东西告诉学生,使学生在学习知识的同时更掌握一种思考的方法,进而培养学生的创造能力。

从心理学的角度看,教师高涨的创造热情会潜移默化地感染学生

一个具有创新意识的教师在情感状态上会潜移默化地影响学生。特别是在课堂上,教师高涨的创造热情和各种行为表现会感染学生,使他们的情感也积极、活跃起来。这种良好的情感状态,会使学生的感知、思维、记忆和想象等心理活动也异常活跃,这样调动学生学习的积极性,使他们能主动地独立思考并寻找解决问题的新方法、新途径,从而提高了学习效率,培养了学生的创造力。由此可见,重视高校教师创新意识的培育,是培养出具有创造力学生的有力保证。

教师创新意识的内涵 /

教师创新意识是指他们不仅必须要具有吸纳新知的开放意识,寻根究底的问题意识,坚持真理的独立意识和不怕权威的民主意识,还要具有主动获取知识的意识,适应社会发展的创新意识和执着的拼搏意识。

吸纳新知的开放意识

我们所处的是一个充满生机与活力的开放时代,各种思潮、各种学派、各类知识会不断从四面八方涌来,叫人应接不暇。在大量的知识和信息不断涌入的时候,作为有创新意识的高校教师不能只坐在书斋中,抱着几年甚至十几年不变的讲稿,在落后与陈旧中寻求安稳,不能整天只是对着现成的大纲去备课、讲课,一味地循规蹈矩,他们必须以开放的心态,在迅速传递和反馈的大量科技、教育信息中捕捉最新的、最前沿的信息,加以系统化筛选并传授给学生,只有这样才能保证我们的学生了解学科的走向,跟上时代的步伐。

寻根究底的问题意识

教师的任务是“传道、授业、解惑”。“解惑”,即解答学生提出的疑难问题。作为高校教师要想更准确、更透彻、更全面地为学生解答难题,自己首先要善于发现问题,要有寻根究底的问题意识,因为有了问题才能更深入地去思考、去研究,这是萌发创新思想的前提,也是引导学生创造的起点。爱因斯坦曾经说过:“提出一个问题,往往比解决一个问题更重要。”因而,作为教师应该做一个善于发问的人,凡事多问一个“为什么”。从而,才能主动寻找问题答案,寻求解答。这样的探究意识,非常重要。这是一种发自内心的意识,对于创新意识来说最为难得,但也是最为珍贵的。

主动获取知识的意识

如今社会,知识是丰富的,信息的含量也是巨大的,同时知识获取的途径也有成千上万种,而作为一名有创新意识的教师,不仅要有接受大量复杂知识信息的能力,同时也应该能够拥有主动获取知识的意识与能力。从不同方面,不同领域获取知识。这样才能拥有服务于学生、服务于人民、服务于社会的能力。这种拥有主动获取知识能力的老师,也一定会影响到他的学生,使学生学会主动从不同领域获取知识,拥有主动学习的能力。

追求新方法解决问题的意识

对于一件事、一个问题,可以说是有多种解决办法的,有些人喜欢标新立异,喜欢用新方法尝试解决问题,而有些人就喜欢习惯地用老方法,墨守成规。实际上,虽然去尝试新的方法有时会失败,甚至会带来一定的损失,但是与此同时也总会给试验者带来一定的启示和启发。所以,作为教师,一定要从主观上要求自己有追求新方法解决问题的意识,只有这样才能促使自己不断创新教学方法和产生创新教学策略,这样也会迫使自己不断创新,形成创新思维。

执着的拼搏意识

如今社会无论做什么事，都不是那么容易的，到处充满竞争和变数，有可能时常会受到各种挫折，但是作为一名教师，应该不惧怕竞争，不怕挫折，做事情要有拼搏意识，有战胜各种困难的信心，同时也要有一颗执着的心，因为很多时候，事情都不是一下子就可以成功的，一座百米高塔也许你已经登上了九十九米，只差最后一米就可以登上塔顶，看到美好的景色，但是如果在这最后一米你放弃了，可能就前功尽弃了。所以，一名具有创新精神的教师，要时刻提醒自己，不到最后不能轻易放弃。做好自己该做的事，多去尝试些自己想做的事。而作为新一代的未来骄子，这种能力更为重要，所以，只有我们教师自身拥有这种能力，才能培养出也拥有执着的拼搏意识的学生。

不怕权威的民主意识

在学术上，高校教师要有敢于批判、敢于怀疑的科学精神，有向权威观念、习惯、势力冲击的勇气。有时候要具有“真理是掌握在少数人手里的”的信念。本着科学的态度，去做学术，不能因为与权威的结果不一样，就轻信自己是错误的。同时，高校教师也应把这种思想通过教学传达给学生，让这种民主意识深刻地影响学生，使他们不受旧的思想、理论、学说的束缚，不被名人的权威吓倒，而坚持自己的观点。在学习的时候，敢于向教师提问，也敢于质疑教材上的内容。另一方面，在做人上，教师要让学生懂得，每个人，无论他的职务高低、家庭怎样、财产如何，人格都是平等的，教师不能因为是教育者就高出学生一头，而是要学会尊重学生，关爱学生，和学生交朋友，让学生感到人与人的平等与友善，从而增强学生的民主意识。

坚持真理的独立意识

高校教师不能只是唯书、唯上、照本宣科，他们要有“标新立异”、“打破常规”的独立意识，必须能够运用所掌握的知识和技能进行独立思考并能发现问题和解决问题。只有这样,才能激发学生的创造欲望,开发学生的创造潜能,从而带领学生去思考前人从未思考的事、探索前人从未探索的领域,开拓通向真理的道路。作为教师,如果他自己没有追求真理的独立意识,而是懒于思考,人云亦云,循规蹈矩,他就不能培养出学生的创新精神。

适应社会发展的意识

如今的社会,是属于信息时代的,社会的发展可以说是瞬息万变,甚至说每秒钟都发生了特别大的变化。所以作为一名具有创新精神的新时期教师,一定要有适应能力和主动适应意识,去不断地适应社会的变化,适应环境的变化,适应社会发展。这样的教师思想敏锐,遇事处理恰当,也只有这样才会在不断变化发展中,始终发现最新的问题,去创新解决。同时这样也一定会在与学生的相处中影响与教育学生,把这种适应能力传递给学生,让他们可以更好地适应生活在其中的社会。

/ 教师创新意识对学生创新意识的带动作用 /

创新思维能力的培养是教育、教学活动中师生互动的关系,也是教学相长的过程。我们判断学生是否有创新能力,不仅要看学生自身探索的因素,很大程度上也取决于教师是否具有善于支持和激励学生敢于创新的胸怀和胆识。只有不存任何私心并且拥有先进教学艺术的教师,才会有最大的勇气做到这一点,才不至于由于种种顾虑而阻碍对学生创新能力的培养。

同时,"要想给学生一杯水,教师就应当有自来水",教师自身要有扎实而鲜活的知识,在教学过程中要时刻保持充足的"源头活水",唯有如此,教师才能在较短时间里,对

"意外回答"作出准确的判断，从而采取恰当的措施。所以，教师也要加强自身创新素质的提高，不断发展自己的创新个性，改进教法，使教学洋溢着创新气息，把学生的创新能力挖掘出来，使他们真正成为新世纪的创新型人才。

具有创新意识的教师会和学生保持良好的师生关系 /

具有创新意识的教师会和学生保持良好的师生关系，营造一种宽松的氛围，给学生的创新思维提供一个宽阔的舞台。使学生积极主动地探求知识。发挥创造性。而不是采取在课堂上老师是主角，少数学生是配角，大多数学生是观众、听众的旧的教学模式。因为这种课堂教学往往过多地发挥教师的主导作用，限制了学生创造性思维的发展。教师应以训练学生创新能力为目的，保留学生自己的空间，尊重学生的爱好、个性和人格，以平等、宽容、友善的态度对待学生。使学生在教育教学过程中能够与教师一起参与到教和学中，做学习的主人，形成一种宽松和谐的教育环境。只有在这种氛围中，学生才能充分发挥自己的聪明才智和创造想象的能力。

这样教师带领的班集体能集思广益，有利于学生之间的多向交流。在班集体中，取长补短。课堂教学中有意识地搞好合作教学，使教师、学生的角色处于随时互换的动态变化中，设计集体讨论、查缺互补、分组操作等内容，锻炼学生的合作能力。特别是一些不易解决的问题，让学生在班集体中开展讨论，这是营造创新环境发扬教学民主环境的表现。在班集体中，学生在轻松环境下，畅所欲言，各抒己见，学生敢于发表独立的见解，或修正他人的想法，或将几个想法组合为一个更佳的想法，从而在学习过程中，培养学生集体创新能力。值得注意的是，任何合作，都不要让有的学生处于明显的从属地位，都是应细心把握，责任确定到每个学生，最大限度调动学生潜能。

具有创新意识的教师，可以更好地培养学生的创新思维、创新个性、创新能力 /

这样的教师会运用有深度的语言，创设情境，激励学生打破自己的思维定势，从独特的角度提出疑问。鼓励学生进行批判性质疑。批判性质疑是创新思维的集中体现，科学的发明与创造正是通过批判性质疑开始。让学生敢于对教材上的内容质疑，敢于对教师的讲解质疑，特别是同学的观点，由于商榷余地较大，更要敢于质疑。能够打破常规，进行批判性质疑，并且勇于实践、验证，寻求解决的途径，是具有创新意识的学生必备的素质。培养学生对复杂问题的判断能力，在课堂教学中要随时体现出来。设计一些复杂多变的问题，让学生用自己的判断来加以解决，或用辩论形式训练学生的判断能力，使学生思维更具流畅性和敏捷性，发表出具有个性的见解。

在课堂教学过程中，这样的教师在每堂课里都会进行各种总结，也会有意识地让学生总结，总结能力是一种综合素质的体现。培养学生总结能力，即锻炼学生集中思维的能力，这与培养学生的求异思维是相辅相成的，集中思维使学生准确、灵活地掌握各种知识，将它们概括、提取为自己的观点、作为求异思维的基础，保障了求异思维的广度、新颖程度和科学性。培养总结能力，课堂教学中要将总结的机会尽可能地放给学生，如总结一个问题总结一堂课的内容；总结一次讨论的结果；总结一次辩论的正、反意见等。每次总结，都挑选多位学生发言，要求他们说出自己的独特理解，不要众口一词、随声附和。总结过后，让学生提出自己发现的更深层次的问题，进一步延伸、拓展思维。

具有创新意识的教师，能提高学生的兴趣 ／

兴趣产生于思维，而思维又需要一定的知识基础。具有创新意识的教师在教学中会恰如其分地出示问题。让学生“跳一跳，就摘到桃子”，问题高低适度，问题是学生想知道的，这样问题会吸引学生，可以激发学生的认知矛盾，引起认知冲突，引发强烈的兴趣和求知欲。学生因兴趣而学、而思维，并提出新质疑，自觉地去解决、去创新。

学生都有强烈的好胜心理，如果在学习中屡屡失败，会对从事的学习失去信心。

具有创新意识的教师会创造合适的机会使学生感受成功的喜悦，对培养他们的创新能力是有必要的。比如：针对不同的群体开展几何图形设计大赛、数学笑话晚会、逻辑推理故事演说等等，旨在展开想象的翅膀，发挥他们不同的特长，在活动中充分展示自我，找到生活与数学的结合点，感受自己胜利的心理。体会数学给他们带来的成功机会和快乐，培养创新的兴趣。

生活中大量的图形有的是几何图形本身；有的是依据数学中的重要理论产生的；也有的是几何图形组合，它们具有很强的审美价值，具有创新意识的教师在教学中会适宜而又充分地利用图形的线条美、色彩美，给学生最大的感知，充分体会数学图形给生活带来的美。在教学中尽量把生活实际中美的图形联系到课堂教学中。再把图形运用到美术创作、生活空间的设计中，产生共鸣，使他们产生创造图形美的欲望，驱使他们创新，维持长久的创新兴趣。

具有创新意识的教师会利用教学中的历史人物、典故、科学家的童年趣事、某个理论的产生等等激发学生的创新兴趣。学生一般喜欢听趣人趣事，教学中结合学习内容讲述本学科发展的历史和历史上科学家的故事，像各种理论所经历的沧桑，著名的科学家成长的事迹，他们在科技进步中的贡献，学科中某些结论的来历等，这样既可以了解科学发展的历史，丰富知识，又可以增加学生对本学科的兴趣，学习其中的创新精神。

具有创新意识的教师，会鼓励学生的创新思维 ／

具有创新意识的教师可以分清学生在学习中的错误行为是有意的还是思维的结晶。学生在求知的过程中属于不成熟的个体，在探索中出现这样或那样的错误是难免的，也是允许的。在这样的情况下教师不应急于评价，出示结论，而是应帮助学生弄清出现错误的原因，从而让他们以积极的态度去承认并且改正错误，与文过饰非相比在对待错误的态度上，这个不正是一种创新态度吗?作为教师对发展中的个体要以辩证的观点，发展的眼光，实行多元化的发展的评价。从客观上保护了学生思维的积极性，促使学生以积极的态度投入到学习中去。比如：教学中常见的“插嘴”，可理解为学生的不遵守纪律，也可以理解为学生思维快的表现，这就要看他们的动机是什么，再作结论。

具有创新意识的教师会多给学生一些鼓励，一些支持，对学生的正确行为或好的成绩表示赞许。学生时期自我评价能力较低，常常默认教师的评价，而且常以教师的评价衡量自己在群体中的地位。同时，又常从成人的表情或语言判断对其的评价，带有一定片面性。因此，教师应对学生正确行为表示明确的赞扬，使学生明白教师对他们的评价，增强他们的自信心，使学生看到自己成功的希望。比如：教学中宜常使用表扬的语气词，如：“很好!太棒了!”“不错，有进步”等等表示你的关注和赞许。

具有创新意识的教师，会在教学中充分保护好学生的好奇心。好奇是儿童与生俱来的天性，好奇是思维的源泉，创新的动力。因为好奇，学生有了创新的愿望，努力去揭开事物的神秘面纱，这种欲望就是求知行为在孩子心灵中点燃的思维的火花，是最可贵的创新性心理品质之一。但随着年龄的增长，好奇程度呈递减趋势，而创造性人才的特点却是永驻的，用好奇的眼光和心理去审视整个世界，每一个成才的人，必须保持这颗好奇的童心，教师对教学中学生好奇的表现应给予肯定。例如，对于学生“打破砂锅问到底”精神，就应加以爱护和培养。

/ 教师创新意识的培养 /

创新型教师应具备的素质 /

一般来说，创新型教师除应该具备教师必须具备的高尚的师德、广博的知识等素

质外，还必须具备如下素质：

先进的教育观念

创新型教师要树立学生主体观、素质教育观、终身教育观、全面质量观等。特别是要确立起以学生为主体的观念：学生不是被动地接受教育的，他们具有主观能动性；相信学生的潜力和发展潜能，用发展的眼光看待学生；学生是有血有肉充满情感的人，教育活动要以尊重学生为基础；教育的着力点在于挖掘学生潜能，使每一个学生都能得到发展。

完善的认知结构

创新型教师应该是能掌握现代教育理论，特别是教育新观念和学生身心发展规律；学习和掌握创造教育的原理和方法，并有意识地运用到教育教学活动中；掌握现代教育技术手段；知识专、博统一，掌握广泛的其他学科知识。

独特的个性特征

创新型教师应该是那种不满足于现有的经验和结论，敢于突破旧的框框而独辟蹊径，标新立异；敢于怀疑，敢于发表可能会引起争议的观点，敢于坚持自己的独特见解并形成与众不同的教学风格和特色的教师。此外，还应具有较高的心理成熟度，有较高的自我期望值，不怕挫折，善于调节自己的心理。

艺术性的教学技巧

创新型教师需要掌握有利于培养学生创新精神和创造能力的教学技巧，注意启发学生的思维，鼓励学生自己去发现问题、提出假设并亲自去实践；能放弃权威态度，形成师生、学生间相互合作；能推迟判断，允许学生有“创造性的错误”；能鼓励学生独立进行评价。

较强的扩展能力

创新型教师一般都具有确认和发现信息的能力，信息选择、摘要和简化的能力，对信息分析和分类的能力，处理和保存信息并应用新技术的能力，从而获取新知识、扩充新知识、更新知识，避免知识老化，适应知识成倍增长的时代的需要。

较高的教育科研能力

创新型教学一般都把教育看成是一项富有创造性的工作，能用现代教育理论来指导自己的教学实践；善于从教学实际出发，展开研究，并不断反思、总结，努力探索教育教学的规律。

创新型教师的培养 /

教师内在创新素质的培养

敬业奉献是创新的动力之源

"创新"是一个破旧立新的实践过程，它要花时间、费精力，甚至要冒风险。敬业奉献、献身教育事业的责任感是创新的精神动因。一个没有责任感、使命感的人，是不会具有创新的精神动力和富于牺牲的高尚情怀的。"教育是事业，事业的意义在于献身"，这就需要青年教师忠诚党的教育事业，具有对教育事业高度负责和乐于奉献的精神，必须具备全心全意为人民服务的历史责任感和使命感。爱岗敬业，既是青年教师坚持教书育人，为中华民族振兴而献身的充分体现，也是青年教师实现自己人生价值、追求自己人生幸福的可靠途径。青年教师要树立事业心，努力在精神境界上提高自己，安于平凡，淡泊名利。努力排除市井心理的干扰，以平平常常的心态去干实实在在的事情。不计个人得失，自觉抵制拜金主义和享乐主义，不能急功近利，不追求"短、平、快"，以自己高尚的情操和人格力量肩负起神圣的历史使命。只有真正树立了

热爱教育事业，乐于奉献的人生观、价值观和责任感，才会获得“创新”的动力之源，才能在“创新”中迸发出无穷无尽的智慧和力量。

能力培养是创新的重要依托

丰富的知识体系是“创新”的基础。“创新”必须以扎实的知识体系来支撑。首先，教师必须具有丰厚的文化底蕴，如丰富的文学、历史、哲学、艺术、政治、经济、法律和自然科学知识，形成合理的知识结构，具有高层次的文化品位、审美情趣、人文素养和科学素养，以满足教学工作需要，并为自己的不断发展奠定良好的文化基础。

同时还要具有较高的专业素质。专业素质是教师素质结构的核心，它是能力的体现，是完成教学任务的基础。它的形成依赖于深厚的学科知识和教育理论知识，广博的人文知识，较强的专业基本技能，较强的独立思考能力、创造能力和从事教育教学研究的科研能力，以及较高的教学技艺和教学能力。要以实事求是的科学态度去寻求知识，探索真知。“教育是科学，科学的价值在于求真。”青年教师知识结构新，在教学中要注重新理论、新知识、新技术的学习和运用。特别要加强现代教育技术的学习运用，把计算机知识、技能、辅助教学的能力、设计制作课件的能力和网上操作能力等作为突破口，努力提高获取信息，获取知识，接受新技术、新方法的能力，并将其应用于教育教学研究。陈旧的教学方法已不适应素质教育的发展需要，改革教学方法迫在眉睫，青年教师要积极开展教学研究，大胆吸收、努力实践先进的教学技术和手段，改变重理论教学轻实践教学的倾向，加强综合性实践教学环节，培养学生的动手能力和动脑分析问题的能力。因材施教，积极推行启发式、研究式教学法，努力摆脱传统授课模式的束缚，不断探索创新出一条适合素质教育要求的新路，不断提高教育教学水平。

尊重科学，善于创新

实事求是的科学态度是创新的灵魂。真正意义上的“创新”，不是凭空臆造、盲目蛮干。它是前人经验的升华，思想认识的超越，创新性的思维与实践。因此，“创新”

必须具备实事求是的科学态度，要尊重实际，尊重实践，只有这样，才能取得实实在在的效果。“教育是艺术，艺术的生命在于创新”。作为一名教师，不断探索新的教育教学方法，不断改进教学艺术，是事业成败的关键。一辈子只停留在一支粉笔、一本书的教学模式上，几十年老调重弹，是很难教出创新人才的。在课堂教学中，学生不能永远是被动的。否则，只能导致学生死记知识，死背原理，不能自己去理解。教师教得苦，学生学得也苦，教师没有真正教会，学生没能真正学懂。培养学生的主动学习、主动思维能力，教师要改变传统的满堂灌模式，积极探索行之有效的新的教学方法，使学习过程变得生动、形象、具体，让学生们真正体验科学知识的奥妙所在，学会科学的学习方法，成为勇于探索、勇于创造的人。

紧跟时代步伐，实现教育教法的创新

高校教师应走出书斋，积极参与社会实践。在瞬息万变的时代发展中，高校教师必须打破自身的封闭性，走出书斋，开阔视野，以改革的参与者和促进者的身份，深入到改革开放的前沿，通过对实际生活的观察与思考，得出自己对生活、对科学文化、对社会的看法并传授给学生。只有这样才能不脱离时代，不脱离现实生活，才能得到学生的认可。

高校教师要不断学习，更新知识，站在文化、科技发展的最前沿。在科学文化飞速发展的今天，知识增长的速度极快，知识更新的周期越来越短，如果教师没有新知识，想教育好学生那是不可能的。培养学生的创新意识和能力，更是空中楼阁。如果还只是沉浸在自己上学时掌握的知识里，埋头于一本教科书中，就会显得十分狭隘和贫乏，更谈不到会给学生以教育和启发。因此，作为教师一定要日日学习，时时学习，学习新知识，掌握新知识，从而给学生献出新知识，让自己带着学生快步走在时代的前沿。同时自身也要不断学习，加强横向联系，活跃学术交流，不断将新学科知识融入自己的专业知识中，向“博大精深”迈进。

作为高校教师，还必须完成一定的科学研究任务，努力成为学术带头人。因为教师只有通过科学研究，才能不断提高自己的学术水平，掌握科研规律与治学方法，从而丰

富教学内容,提高教学质量,富有创造性地指导学生从事科学研究工作。

高校教师要掌握现代化的教学方法和教学手段。教师要运用好现代化的教学手段。随着时代的发展,传统的教学方式,已经不适应如今接触各种事物的学生,不适合他们学习。而信息时代的教学方法和教学手段已经有了突破性的发展。远程教学、多媒体教学等现代化的教学方法和教学手段使教学更加生动活泼,更具有直观性。要彻底改变“纸上谈兵”的陈旧教学模式,否则就会误人子弟。要尽快打破课堂教学和现有知识结构的限制,因材施教,鼓励冒尖,不要一刀切,否则就会压抑学生个性的发展。要引导学生通过自学取得独立获取知识和运用知识的能力,而不是喂一口、吃一口的“填鸭式”的教学方法。古人云:“工欲善其事,必先利其器”,高校教师必须善于运用各种现代化的、有效的教学手段,创造性地掌握教学理论和技巧,完成教学任务。

高校教师要虚心向学生学习。“师不必贤于弟子,弟子不必不如师”,古人的遗训至今仍富有深刻的哲理,更何况信息网络时代,人们接收信息的途径多种多样。我们面对的是看电视玩电脑长大的孩子,他们知识面广,思维敏捷,接受新知识快,有主见,独立性强,在许多方面值得教师学习。因此,作为高校教师要使自己不断进步,不断完善,就必须虚心学习学生的优良品质,这样才能做到“教学相长”,才能真正成为受学生欢迎的教师。

高校教师要掌握一些创造技巧。教师要学习创造技能。科学家姆傅曾说:“人们对付当代世界性问题和挑战的能力,归根结底取决于人们能够激发和调动的创造性的潜力。”如果高校教师已经认识到了培养自身创造意识的重要性,那么,培养的方法就显得尤为重要了。同时,作为教师创造宽松的工作氛围,激励创新建立多种形式的教师校内培养机制,前人的研究已经证明,创造性是可以教授的。因此,高校教师应掌握一些创造技巧,如头脑风暴法、检查表法、类比发明法、缺点逆用法等,在运用创造技法的同时,增强创造意识,再用自己的思想和行动去影响和教育学生。

利用外在学校环境培养教师创新素质

为教师创造宽松的工作氛围,激励创新

教师是人类灵魂的工程师,是最具强烈自尊心、进取心和成就感的特殊群体。只有在充分信任和尊重教师的前提下，才能创设民主、和谐的氛围。宽松的教学管理氛围，为他们提供一个创造性发挥智慧的时间和空间，才能最大限度地调动教师的积极性、主动性和创造性。一些中小学对教师管理太机械，教学管理过于僵化，教师心理负担超重，学生课业负担难减轻。教师无创新精神，何谈指导学生进行创造性学习?所以培养创新型教师当前紧迫的任务是：

要有一个创新型的领导班子，变强调统一的“刚”性管理为“柔”性管理。因为一所学校是否有良好的教育环境，关键是校长，只有具有创新精神的校长，才能为教师创新能力的发展提供支持。因此，作为一校之长，不能墨守成规，要思维灵敏，善于开拓，敢于创造，支持和鼓励教师创新。

要有一个创新型的集体气氛。在这个集体中，教师与教师、教师与领导之间的关系应该是十分融洽的，互相信任，互相尊重，互相支持。只有在这种宽松、和谐的氛围下，教师的创新精神、创新能力才能不断提高和发展。在这种氛围下进行教学研究改革，才能营造自由的学术气氛，才能百花齐放不拘一格，才能八仙过海各显神通。

要有一套创新型的管理。这种管理应该以人为本，把教师置于学校管理的主人地位，是一种民主性的管理。无论是管理思想，还是管理方法和手段，都应该是别具一格、富有创意的。

进行教学评价制度改革，坚持社会评价和主体评价统一，以学生发展为尺度，以能力提高为准绳，实行综合评价。

改革用人制度，用聘任制取代终身制，以激励为杠杆，能者上，庸者下，优胜劣汰，公平竞争。

建立多种形式的教师校内培养机制

中小学校是创新型教师培养的主体，创新型教师培养应该以校为本。以校为本的培训形式可以有：

由学校领导与教育专家组成培训小组，对培养对象进行考察、诊断和指导，尤其

要以课堂教学的诊断和评价为切入点，通过听课和交谈深入细致地了解教师。在此基础上，集中对教师进行培训，组织他们学习现代教育理论，帮助他们确定改进教育教学的策略，提高创新教学的水平。

开展以课堂教学为主的研讨活动，如组织教师上研讨课、示范课等，探索创新性的课堂教学模式。组织创新型教师进行集体备课，协同研讨，在切磋中提高。开展竞赛，如优质课擂台赛、教案评比等，以竞争促使教师能力的提高。

建立骨干教师的学术休假制度，时间可长可短。让这些教师在学术休假期间学习、反思，对其创新型教育活动进行总结、提炼，形成成果。既进一步提高其业务水平，又供其他教师借鉴、学习。此外，还要构建创新型教师培养的考核、评价、奖励机制，促使创新型教师脱颖而出。

总之，时代呼唤创新人才的培养，创新人才的培养呼唤创新教育。真正意义上的创新教育必须要有一支具有很强创新意识和创新能力的教师队伍，尤其是承担高等教育和职业教育的教师队伍。教育机构和教育管理机构，在制订各项制度时应更为人性化，为教师增强创新意识与能力提供必要的环境和条件，积极鼓励创新，这些是增强教师创新意识与能力的客观条件。作为人民教师，肩负振兴民族教育的重任，不仅要有无上的光荣感，更要有强烈的责任感、使命感，不断提高自身素质，勇于探索、努力创新，为振兴教育，推进素质教育打下坚实的基础，承担起知识和技术创新以及创新人才培养的伟大历史使命。